EXHIBITION CURATORS: Milka Marinov / Julie Perlin Lee

AN INSTALLATION BY MAXIMO CORVALAN

FreeTrade Ensambladura

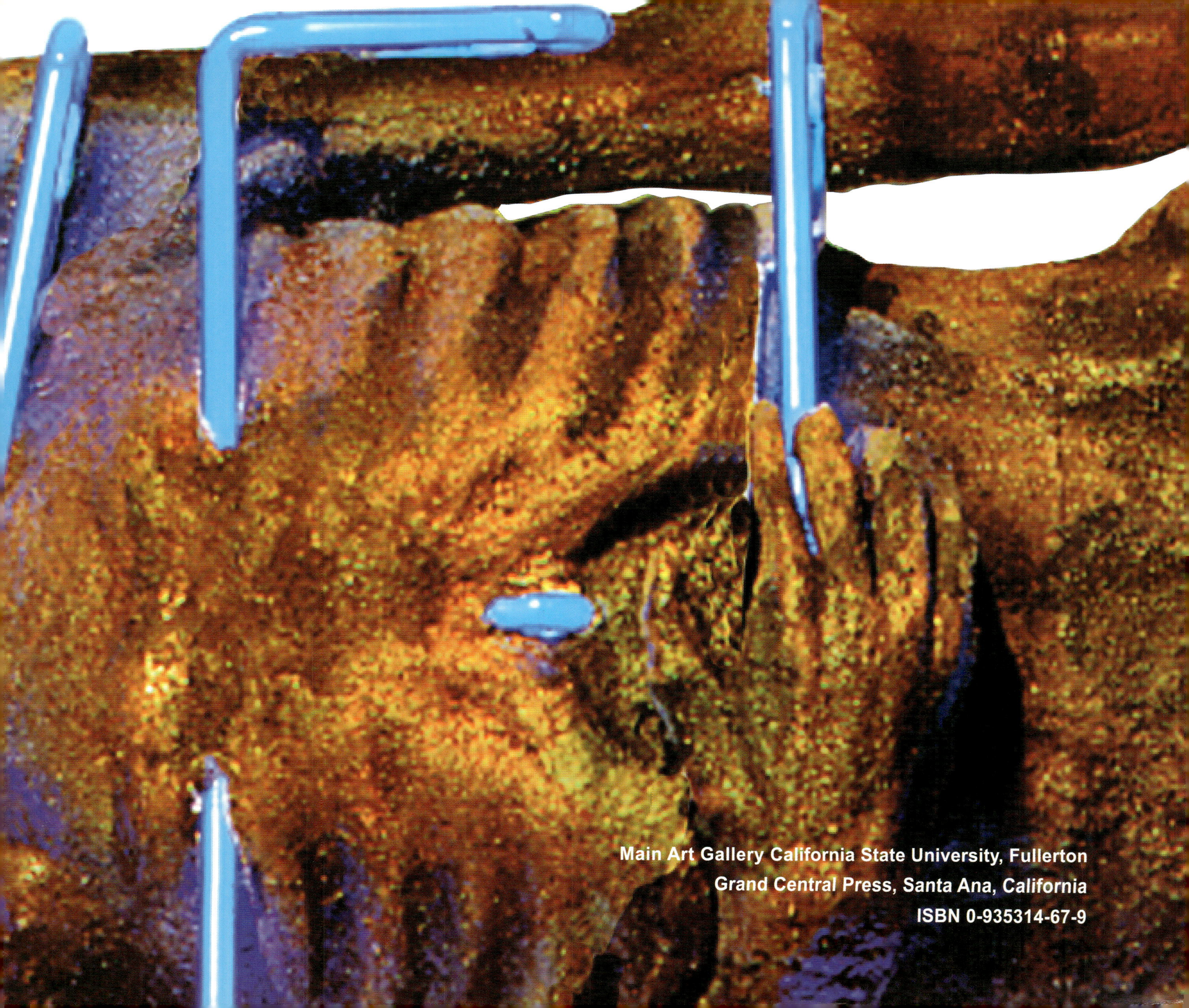

Main Art Gallery California State University, Fullerton
Grand Central Press, Santa Ana, California
ISBN 0-935314-67-9

CONTENTS INDICE

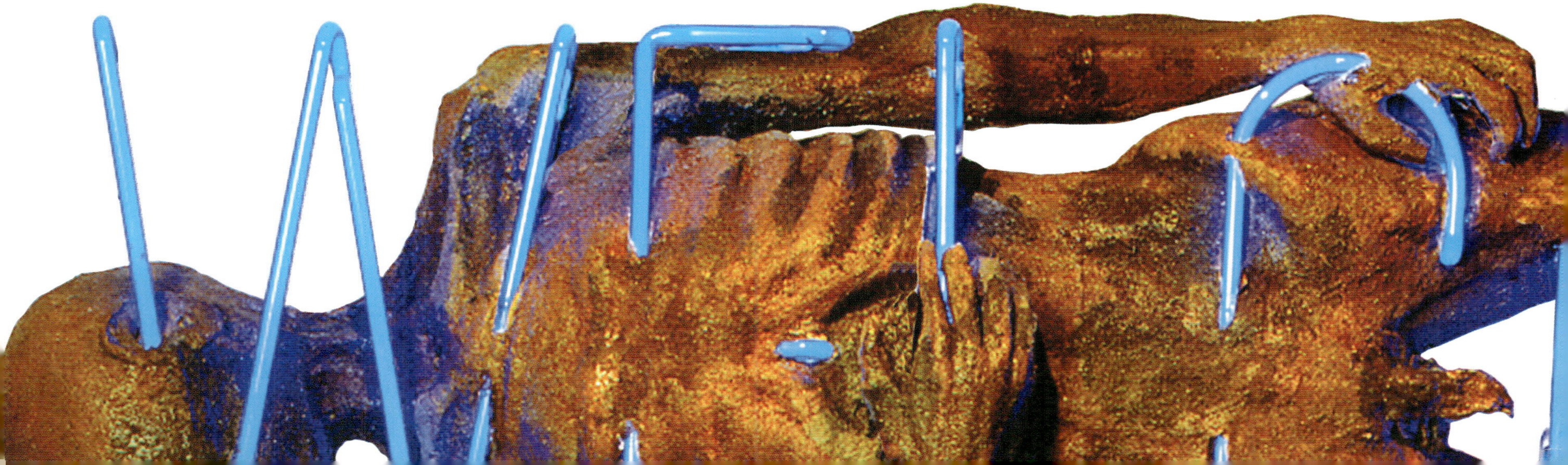

FOREWORD PROLOGO

Máximo Corvalán's installation *Free Trade Ensambladura* is visually stunning, but the true richness of this project is found below the visual surface. The mummies Corvalán carved by hand for this installation are references to the approximately 3,000-year-old figures excavated from archaeological sites in the Atacama desert, but they are also ghosts that echo the political strife that reverberated through Chile in latter part of the twentieth century.

The punch line to a joke circulating in South America is that the reason there are no military coups in the United States is because there are no U.S. embassies in this country. Indeed, the U.S. has played a significant role in Chilean politics and culture in the past century. *Free Trade Ensambladura* is an allusion to the United States' relationship to Chile, specifically to the recent trade agreement between Chile and the U.S. and more generally to the lingering

La instalación *Free Trade Ensambladura* de Máximo Corvalán es visualmente estremecedora Pero el valor de este proyecto se encuentra más que en su apariencia, en sus diversos niveles de significación y referencia. En esta instalación momias elaboradas manualmente por Corvalán hacen relación a cuerpos de 3.000 años de antigüedad encontrados en el desierto de Atacama por medio de excavaciones arqueológicas, pero también representan los fantasmas que de alguna manera evocan la agitación política que estalló en Chile a fines del siglo veinte.

La idea central de un chiste que circula en Sur America dice que la razón por la cual no se producen golpes militares en los Estados Unidos es porque no existe embajada de Estados Unidos en este país. De hecho, los Estados Unidos han tenido un papel significativo en la política y en la cultura chilena durante el último siglo. *Free Trade*

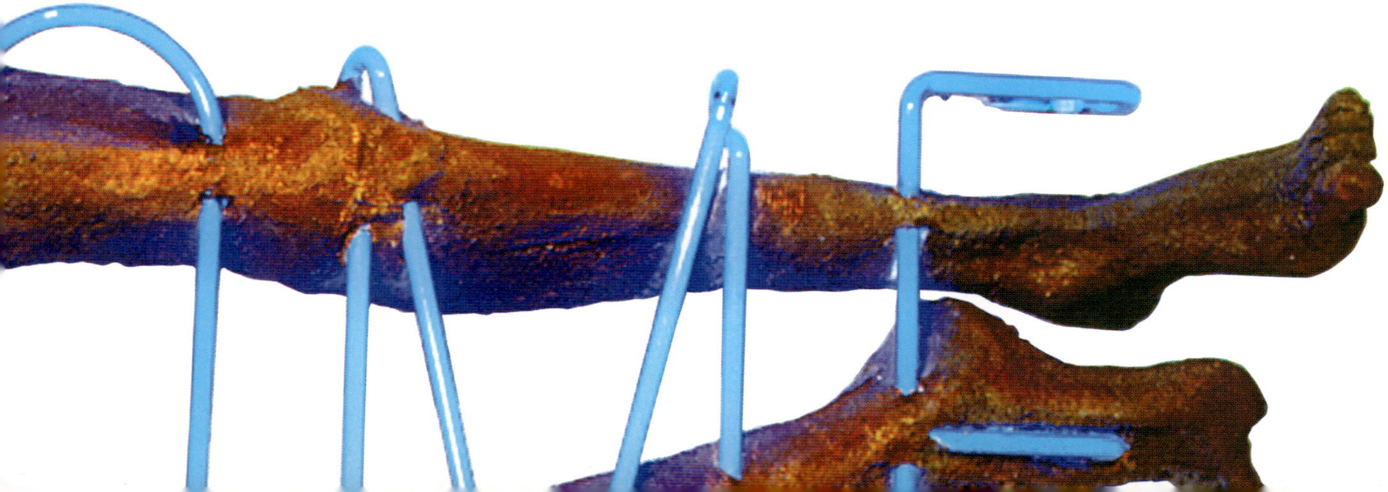

impact of U.S. involvement in Chile. *Ensambladura* literally means “bringing together,” but it is also a play on words that reminds us that we are looking at art, as *ensamblaje* is the Spanish word used to describe the art of assemblage.

Although Corvalán has been in group exhibitions in the Unites States previously, this is his first one-person exhibition in this country. Exhibition curators Julie Perlin Lee and Milka Marinov originally considered organizing a group show of Chilean artists, but, in the process of their research, they became so impressed with Corvalán that they decided he merited a solo exhibition.

For Perlin Lee and Marinov, this project is the most extensive and difficult curatorial effort to date in their budding careers. Marinov is a Fulbright Scholar from Chile currently pursuing her graduate degree, and Perlin Lee lived in Chile for two months researching this project. Organizing an exhibition is always demanding, but an international project brings special challenges such as arranging shipping, maneuvering through customs, negotiating with embassies, and overcoming language barriers. To their credit, Perlin Lee and Marinov successfully surmounted this labyrinth of obstacles to bring the project to fruition.

The installation for this project was also made more arduous than usual by a non-work-related injury to gallery technician Martin Lorigan. Lorigan assumed

Ensambladura hace alusión a la relación de Chile con los Estados Unidos, específicamente, al tratado de libre comercio acordado recientemente entre ambos países, y particularmente al persistente impacto que los Estados Unidos ha tenido en Chile. Emsambladura literalmente significa “acción y efecto de armar” pero al mismo tiempo se transforma en un juego de palabras que nos hace pensar en arte, pues es *ensamblaje* la palabra que en castellano se utiliza para describir un tipo de expresión artistica llamada “arte del ensamblaje”.

Aunque el artista ha participado previamente en exposiciones grupales en los Estados Unidos, ésta es la primera exhibición individual de Corvalán en esta nación. Julie Perlin Lee y Milka Marinov, curadoras de esta exposición inicialmente habían cosiderado organizar una muestra grupal de artistas contemporáneos chilenos, pero durante el proceso de investigación el trabajo de Corvalán les impacto de tal manera que decidieron él tenía méritos para exponer solo.

Para Julie Perlin Lee y Milka Marinov, este proyecto ha sido el más extenso y difícil esfuerzo curatorial que hasta la fecha han enfrentado en sus incipientes carreras. Milka Marinov, becaria Fulbright chilena, en estos momentos se prepara para obtener su título de postgrado. Julie Perlin Lee vivió en Chile por dos meses con el fin de investigar para este proyecto.

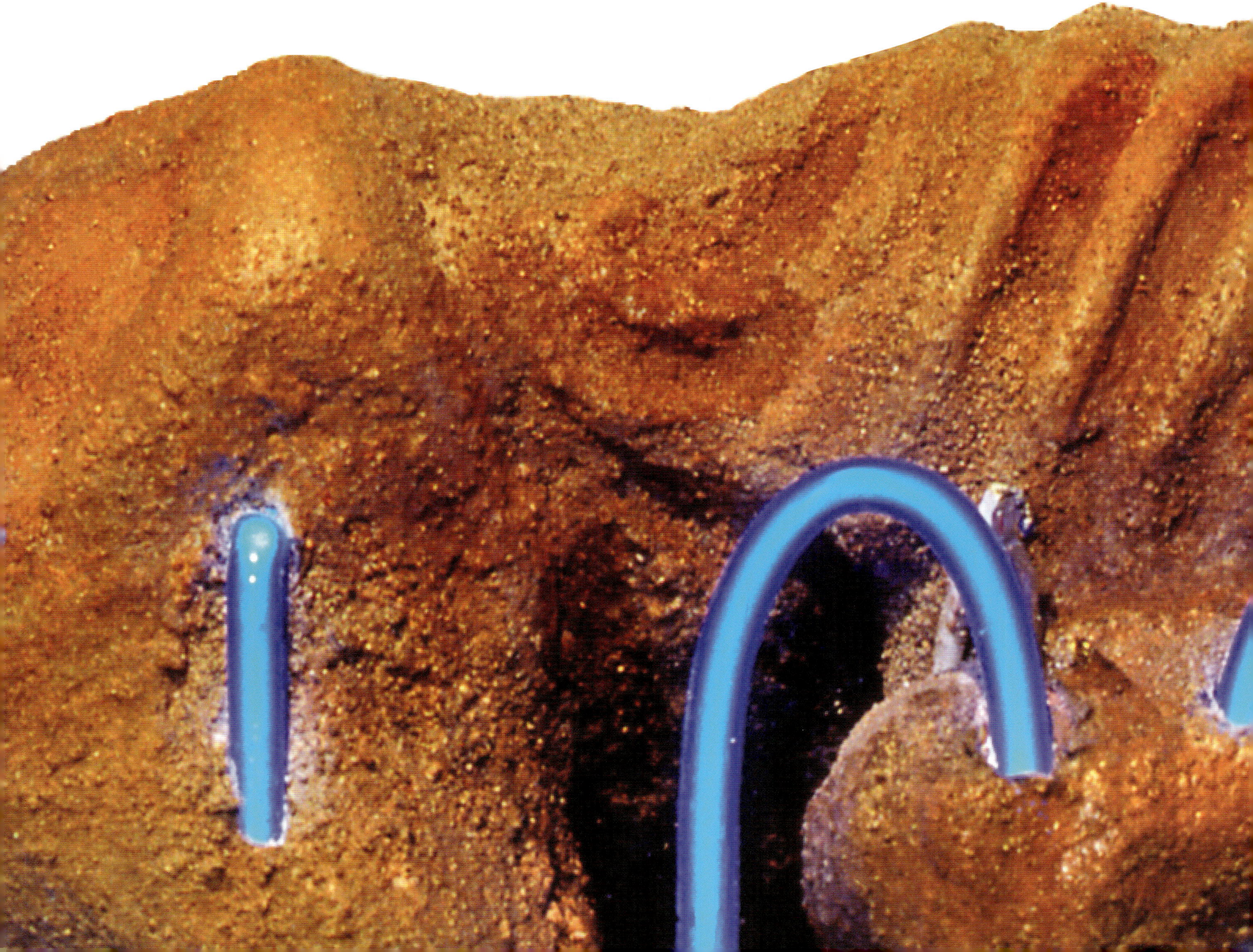

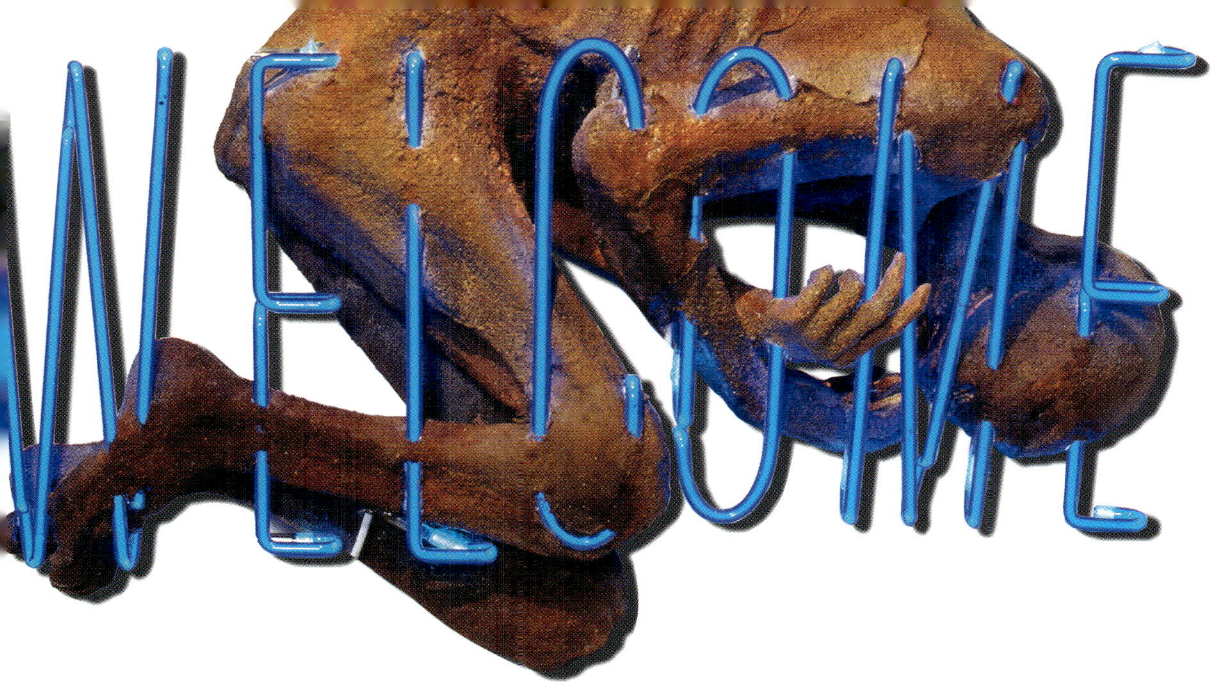

a much more advisory role than he normally does, and many students stepped in to fill the breach presented by his limited physical involvement, especially Jason Chakravarty, Dennis Cubbage, Carlota Haider, Derek Parker, and Ryan Ross.

Corvalán was able to complete a substantial portion of his artwork for this installation during his residency at the Cal State Fullerton Grand Central Art Center in Santa Ana. We owe special thanks to Grand Central director Andrea Harris and her staff. It is also essential to extend a note of gratitude to CSUF Associate Vice President for Public Affairs and Governmental Relations Owen Holmes and United States Congressman Edward Royce for their interaction with the U.S. Embassy in Chile, which facilitated Corvalán's timely admittance into the United States.

The meaning of this project is greatly enhanced by smart, insightful essays by Julia P. Herzberg and Sergio Rojas. And, of course, I must thank Máximo Corvalán for making this exhibition possible. As we have watched him work with staff and students to put this installation together, it has become obvious that he is an exceptional person and a gifted artist.

Finally, I want to thank the persons whose financial contributions made *Free Trade Ensambladura* possible.

Mike McGee, Director Main Art Gallery

Organizar una exposición requiere siempre de una gran exigencia, pero cuando el proyecto es de nivel internacional se suman otros desafíos tales como: traslado de obras, trámites con agentes de aduana, negociaciones con embajadas y superación de barreas de lenguaje. Con propiedad, Marinov y Perlin Lee han logrado sobrepasar el laberinto de obstáculos que han encontrado en el camino y han sido capaces de culminar exitosamente este proyecto.

Además, debido a que Martin Lorigan, técnico experto de la galería, sufrió una lesión fisica extralaboral, la tarea de instalación de este evento se vió más afectada que lo usual. Lorigan, comparado a lo que normalmente realiza debio asumir un rol mayormente de supervisión, siendo un grupo de estudiantes los que llenaron el vacío dejado por su imposibilidad de interactuar fisicamente, dando especial reconocimiento a los alumnos Jason Chakravarty, Carlota Haiden, Dennis Cubbage, Derek Parker y Ryan Ross.

Corvalán, durante su estadía como artista en residencia en el centro de arte de la universidad, California State University, Fullerton, Grand Central Art Center ubicado en la ciudad de Santa Ana, California, logró terminar parte importante del trabajo artistico de su instalación. Agradecimientos especiales a Andrea Harris, directora del Grand Central y a su personal. También es fundamental extender esta instancia de agradecimientos a Owen Holmes, Vice Presidente Asociado de Relaciones Públicas y Gubernamentales de CSUF y al Congresista Edward Royce, por las gestiones realizadas con la Embajada de los Estados Unidos en Chile, las que facilitaron la llegada a tiempo de Corvalán a los Estados Unidos.

El significado de este proyecto se ve inmensamente prestigiado por los brillantes y profundos ensayos escritos por Julia P. Herzberg y Sergio Rojas. Por supuesto, no puedo dejar de agradecer a Máximo Corvalán por haber hecho posible esta exhibición; haberlo visto trabajar con los estudiantes y el personal para realizar esta instalación ha hecho evidente que es una persona excepcional y artista talentoso.

Finalmente deseo agradecer a las personas que hicieron contribuciones financieras para hacer realidad Free Trade Ensambladura.

Mike McGee, Director Main Art Gallery

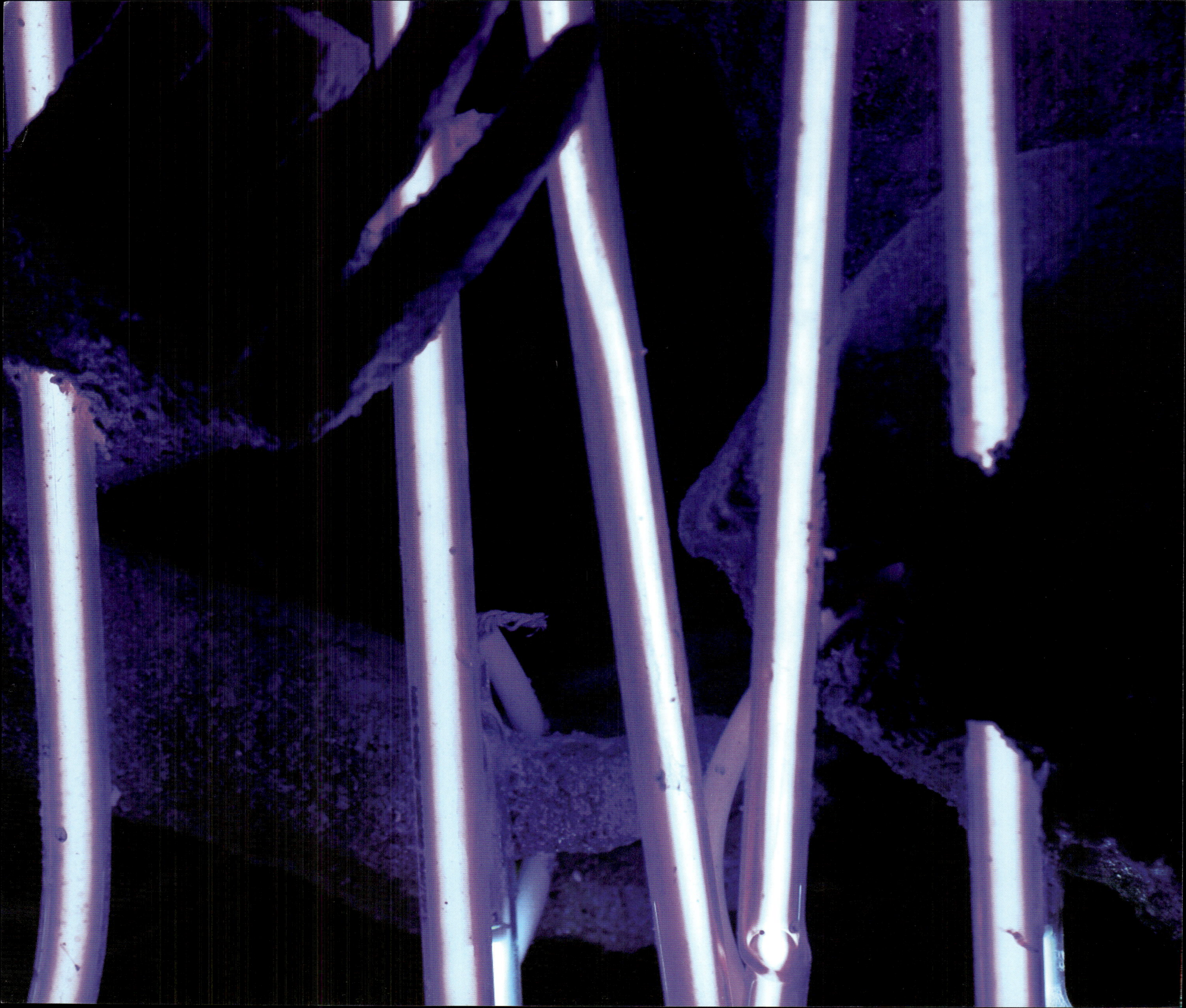

CURATORIAL STATEMENT STATEMENT CURATORIAL

The decision to present an exhibition that focuses on the art of Chile couldn't have come about more serendipitously. With one of us newly arrived from Chile and the other just about to leave for Santiago, it was natural that we chose to develop a concept that explored current themes in Chilean contemporary art. This partnership arose from a shared interest in the country's tremendous changes politically, culturally, and economically, all of which are tied in some way to the relationship it shares with the United States.

It may seem easy to see Chile as a faraway place apparently detached from the reality of life and politics in the United States, but this is not the case. For several decades Chile has been watched. During the early seventies, the United States government's CIA, afraid of the expansion of communism, planned the coup of the democratically elected Allende's socialist government, which led the country into a period of frightening dictatorship for 17 years. The dictatorial Pinochet regime radically altered economic policies and laid the groundwork for a free-market economy that would later spark the United States' interest. Now that Chile is back in democracy, we see this very clearly in recent U.S. efforts to bring Chile into free-trade agreements and essentially build a

La decisión de presentar una exhibición centrada en arte chileno, no podría haber sido una coincidencia más afortunada. Con una de nosotras recien llegando de Chile y la otra a pasos de partir a Santiago, resultó natural que decidieramos desarrollar un concepto que explorara temas actuales del arte contemporáneo chileno. Esta sociedad surgió a partir de un interes mutuo por los impresionantes cambios políticos, culturales y económicos que han sucedido últimamente en Chile, los que se encuentran de alguna manera ligados a las relaciones bilaterales entre Chile y Estados Unidos.

No es difícil considerar a Chile un lugar lejano, aparentemente desligado de la realidad estadounidense, pero no es tan así. Por varias décadas Chile ha sido vigilado. A principios de los setenta la Agencia Central de Inteligencia (CIA) del gobierno de los Estados Unidos, preocupada por la expansión del comunismo, planeó un golpe de estado al democráticamente elegido gobierno socialista de Allende, golpe que llevó al país a un período de 17 tenebrosos años de dictadura. El régimen dictatorial de Pinochet realizó un cambio radical en las políticas económicas del país, creando las bases de una economía de libre mercado, la que posteriormente despertaría el interés por parte de los Estados Unidos. Ahora, nuevamente en democracia, podemos

Western economic powerhouse.

After we conducted extended research of contemporary Chilean art, it became apparent to us that political themes recurred often, sometimes with blatant sarcasm but in most instances with latent undercurrents that convey a vague uneasiness. The visual articulation of these themes did not come as a surprise to us, as many of Chile's emerging artists belong to a generation that was born under Pinochet's tyranny and have lived through the political transition into democracy. This is the generation of Máximo Corvalán.

Although Corvalán's art is heavily influenced by his sociopolitical background, it clearly expresses issues that may arise in any state where roles of power are at play. Perhaps his most impressive ability is the way he presents ideas through an unlikely balance of obviousness and obscurity, creating manipulated environments that prompt the audience to question what or whose reality they are participating in. The foundation of Corvalán's work is always brilliantly critical of social and political matters.

Free Trade Ensambladura is a site-specific installation that allows us to transport ourselves into a fictitious environment. Corvalán builds a common

notar este interés claramente a través de los diversos intentos por realizar acuerdos de libre comercio con Chile, con el objetivo de forjar los cimientos para crear un poder economico occidental.

Luego de realizar una extensa investigación sobre el arte chileno se evidenció la recurrencia a tocar temas políticos, en ocasiones con obvio sarcasmo pero la mayoría de las veces con una suspicacia elocuente, que veladamente transmite inquietud. El que estos temas sean tratados visualmente no nos llamó demasiado la atención ya que son muchos los artistas emergentes chilenos que pertenecen a la generación nacida bajo la tiranía de Pinochet y que han vivido el proceso político de transición a la democracia. Esta es la generación de Máximo Corvalán.

Aunque las obras de Corvalán se encuentran fuertemente influenciadas por su pasado sociopolítico, expresan temáticas que pueden aparecer en cualquier lugar donde situaciones de poder están en juego. Quizás su talento más notable reside en la manera en que presenta ideas mediante el equilibrio precario producido al mezclar obviedad y oscuridad, creando ambientes manipulados que incitan a la audiencia a cuestionarse en la realidad de quien o en que realidad estan siendo partícipes.

visual language using a mixture of traditional and nontraditional media: a painted diorama introduces us to a desert landscape, a video projection takes us to a technological world, and a room with striking mummy figures embedded with neon commercial signs confronts us with a profound intersection of past and present. To some, the exhibit may be experienced as an appealing way to observe and understand another culture's point of view, but after spending time within the gallery it becomes clear that one is only observing oneself.

Milka Marinov and Julie Perlin Lee, Co-curators

El trabajo de Corvalán está siempre fundado en una brillante capacidad crítica hacia problemas sociales y políticos.

Free Trade Ensambladura es una instalación de sitio específico que nos permite trasportarnos a un ambiente ficticio. Corvalán construye un lenguaje visual familiar, combinando medios tradicionales y no tradicionales: un diorama pintado nos muestra un paisaje desértico, una proyección de video nos lleva al mundo tecnológico, y en una sala nos enfrentamos a espeluznantes figuras de momias atravesadas con letreros comerciales de neón, provocando una profunda intersección de pasado y presente. Para algunos la exhibición puede ser interpretada como una forma atrayente de observar y entender puntos de vista de otra cultura, pero luego de pasar un tiempo en la galería se hace patente que uno esta únicamente observándose a sí mismo.

Milka Marinov y Julie Perlin Lee, Co-curadoras

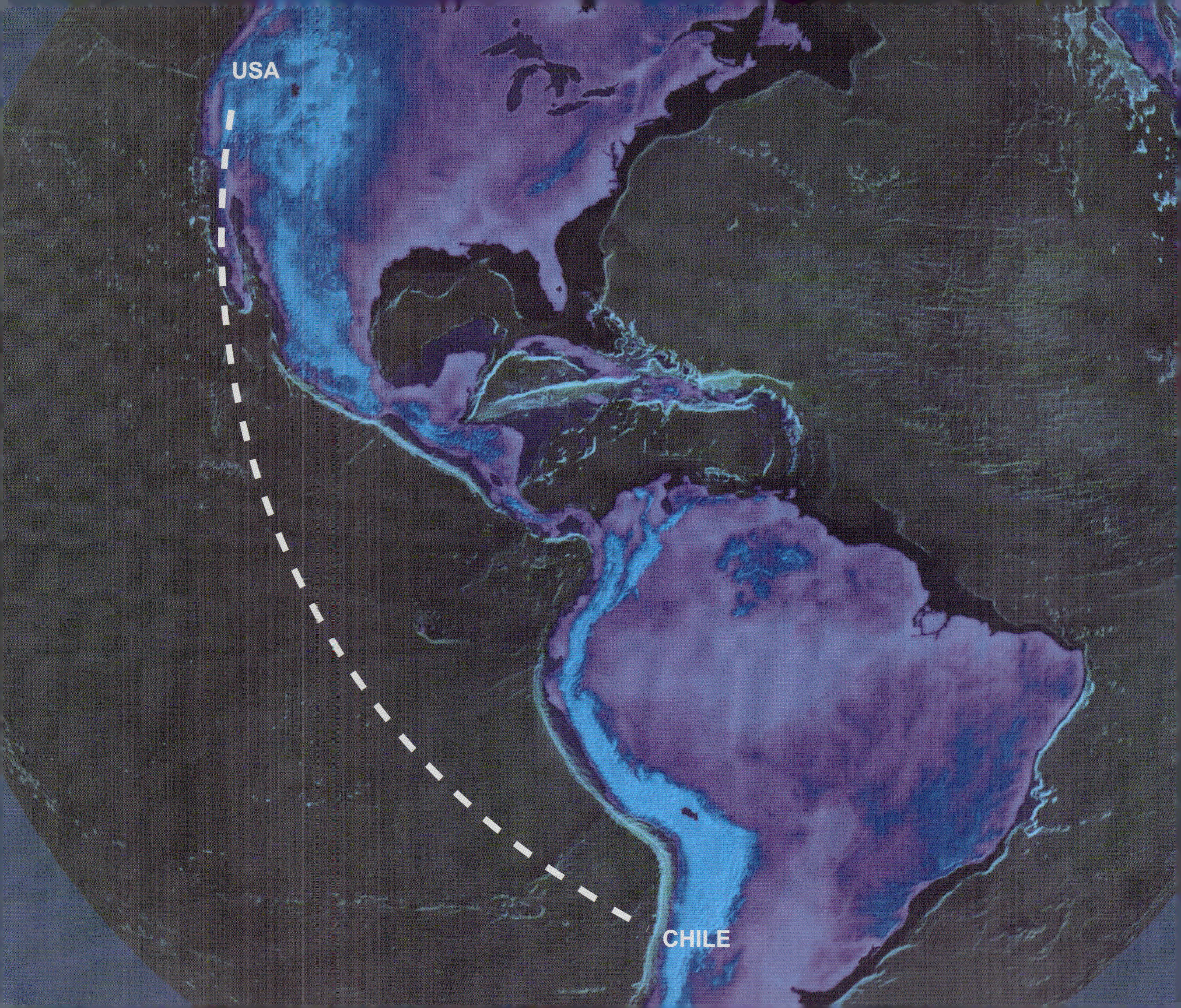
USA
CHILE

MAXIMO CORVALAN: FREE TRADE ENSAMBLADURA

In 1973, when Máximo Corvalán was only a few months old, his mother, recently widowed, sought refuge outside of Chile for political reasons.[1] They lived in Colombia for a year, in East Germany for another, in Cuba for five years, and in Mexico for ten. Their seventeen years in exile ended in 1991, when it was safe to return to Chile. Throughout their years abroad, Corvalán maintained a sense of his Chilean identity, enriched, however, by his transnational experiences. His ability to adjust and readjust made for a relatively smooth return to his motherland, where he finished high school and graduated from the university. His particular experiences color his view of the world as he engages art as a creative endeavor.

Corvalán's receptivity and sensibility to things Chilean include his interest in Chile's history, beginning with the country's original cultures and continuing through twentieth-century sociopolitical movements from Allende to Pinochet to democracy. Since the return of democracy in 1990, under the Concertación governments, Chile has entered into a series of free-trade agreements with Latin America, Europe, Asia, and the United States, resulting in global partnership agreements that have expanded the country's economic bases.[2]

The artist's site-specific installation *FreeTrade*

En 1973 cuando Máximo Corvalán tenía sólo algunos meses de vida, su madre, quien había enviudado recientemente, buscó refugio en el extranjero por razones políticas.[1] Ellos vivieron en Colombia durante un año, en Alemania Oriental otro año, en Cuba por cinco años, y en México por los diez restantes. Sus diecisiete años en el exilio terminaron en 1991 cuando Chile ofrecía seguridad para volver. Corvalán, durante sus años en el extranjero, mantuvo el sentido de su identidad chilena, enriquecida, a pesar de todo, por sus experiencias transnacionales. Su habilidad para adaptarse y volverse a adaptar hizo que el retorno a su país de origen resultara sin problemas. Al regresar a Chile terminó la escuela secundaria y se tituló de la universidad. Sus experiencias personales le dan vida a su visión del mundo mientras asume el arte como un esfuerzo creativo.

La receptividad y sensibilidad de Corvalán por las cosas chilenas incluye su interés por la historia de la nación, comenzando por las culturas originarias del país y continuando con los movimientos sociopolíticos del siglo veinte de Allende a Pinochet, hasta la democracia. Desde el retorno de la democracia en 1990, bajo los gobiernos de la Concertación, Chile ha entrado en una serie de tratados de libre comercio con América Latina, Europa, Asia, y los Estados Unidos, resultando en acuerdos de sociedades

Ensambladura reflects his interests in history, memory, and power structures. The title plays on the negotiations involved in "putting together" (*ensamblar*) free trade agreements, in which Chile has been very proactive and successful. The installation draws on the artist's recent experiences in Calama, a small mountain city in the Atacama Desert in northern Chile. Two years ago, Corvalán became the curator of Calama's contemporary art center, Centro de Arte Ojo del Desierto (CAOD). While getting to know the people and cultural facilities in the area around Calama, the artist spent time in the Depósito Arqueológico Los Ojos del Chaman, de la Corporación de Cultura y Turismo, a research center with the region's most important conservation laboratory, which is normally closed to visitors. Archaeologists working there photograph, study, and archive the material remains from excavations. One of the archaeologists gave Corvalán permission to photograph and study the mummies, so he could later reproduce them with greater understanding and accuracy.[3]

Free Trade Ensambladura is divided into three adjoining spaces in a gallery: the first is a diorama; the second has a projection on the wall and the third contains reproductions of mummies. The artist re-created a desert habitat similar to ones

globales, expandiendo así las bases económicas del país.[2]

La instalación de sitio específico *Free Trade Ensambladura* refleja el interés del artista por la historia de Chile, la memoria, y las estructuras de poder. El título se refiere a las negociaciones involucradas al "ensamblar" los acuerdos de libre comercio, en los que Chile ha sido muy proactivo y exitoso. La instalación se basa en experiencias recientes del artista en Calama, pequeña ciudad montañosa en el Desierto de Atacama, norte de Chile. Hace dos años Corvalán se convirtió en el curador del centro de arte contemporáneo, Centro de Arte Ojo del Desierto (CAOD). Mientras iba conociendo a la gente y los recursos culturales disponibles en la zona de Calama, el artista pasó parte de su tiempo en el Depósito Arqueológico Los Ojos del Chamán, perteneciente a la Corporación de Cultura y Turismo, centro de investigación con el laboratorio de conservación más importante de la región, el que normalmente se encuentra cerrado al público. Los arqueólogos de este centro fotografían, estudian, y archivan los restos excavados. Uno de ellos autorizó a Corvalán para que fotografiara y estudiara las momias, de esta manera el artista pudo reproducirlas más tarde con mayor comprensión y exactitud.[3]

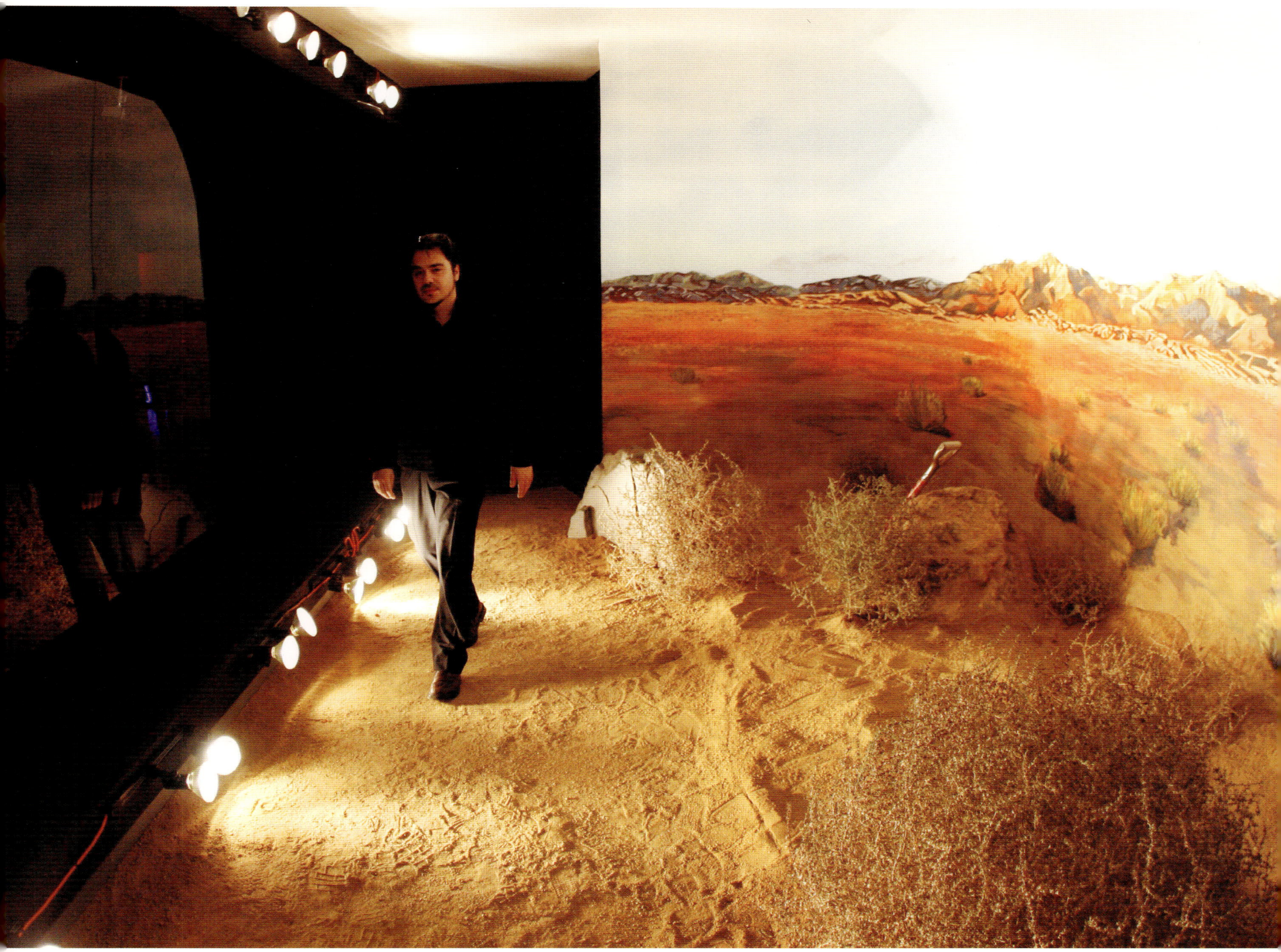

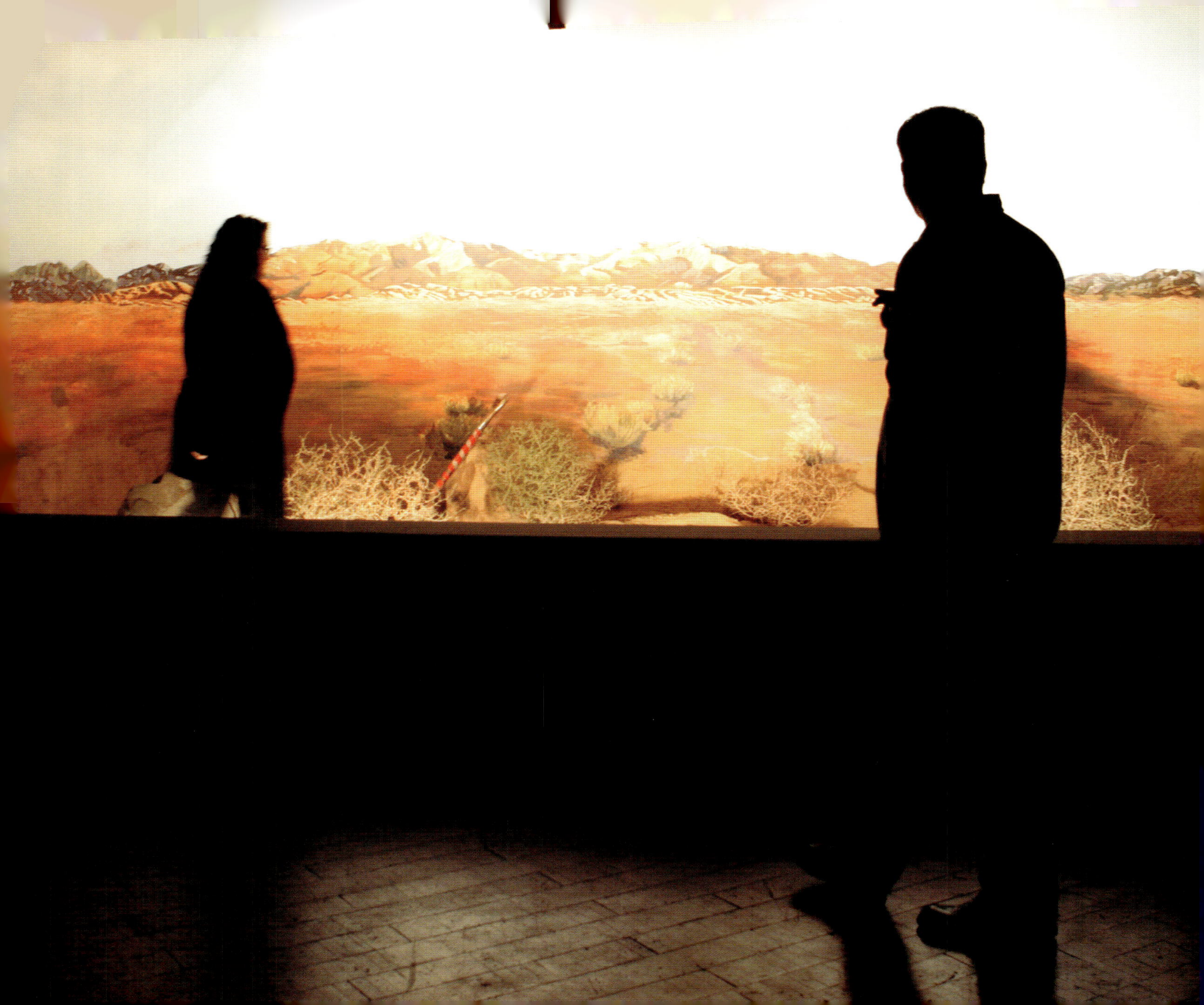

in archaeological or natural history museums in Chile. In deciding on a diorama as the point of entry, the artist may have been motivated by one in the Museo Nacional de Historia Natural in Santiago. In Corvalán's diorama, the floor is covered with sand and the walls are painted with a landscape inspired by the Atacama Desert, the driest in the world. Bordered on the west by the Pacific Ocean and on the east by the Andes, which extend the length of the country, the desert runs from the southern border of Peru into Chile one thousand kilometers (600 hundred miles).[4] The highland plains in the desert rise 3,500 to 4,500 meters above sea level; the dramatic snow-capped peaks are more than 6,000 meters high. Matching the beauty of the desert region are its rich deposits of saltpeter, a source for copper, lithium, borax, and iodine, products that are important to Chile's economy. The painting's illusionistic space evokes a sense of the desert's grandeur, broadening the spectator's spatial perspective while introducing a view of an unfamiliar geographical wonder.

In leaving the diorama to enter the adjoining space, the spectator can look through a window and see the other viewers located in front of the painting. At that point, the visitor begins to realize that he/she is being recorded on a closed circuit camera.[5] Surveillance cameras, wherever they are placed, have

Free Trade Ensambladura está dividida en tres espacios adyacentes en una galería: el primero es un diorama; en el segundo se ubica una proyección en la pared y el tercero contiene reproducciones de momias. El artista recreó un hábitat del desierto similar a los encontrados en museos de historia natural o arqueológicos. Al decidirse por un diorama como punto de entrada, el artista pudo haberse inspirado en uno en especial que está ubicado en el Museo Nacional de Historia Natural, Santiago, Chile. En el diorama de Corvalán el piso está cubierto con arena y las paredes pintadas con un paisaje desértico, pudiendo ser el desierto de Atacama, el mas árido del mundo. Este desierto limita al oeste con el Océano Pacífico y al este con Los Andes, cordillera que se extiende a lo largo del país. El desierto se extiende desde la frontera sur del Perú hacia mil kilómetros (600 millas) dentro de Chile.[4] Los llanos de las tierras altas del desierto se levantan desde 3.500 hasta 4.500 metros sobre el nivel del mar; las impresionantes cimas cubiertas de nieve se hallan sobre los 6.000 metros. La belleza de la región desértica armoniza con los ricos depósitos de salitre, cobre, litio, bórax, y yodo, productos importantes para la economía de Chile. El espacio ilusionista de la pintura evoca el sentido de grandeza del desierto, ampliando las perspectivas espaciales del espectador mientras se le presenta un paisaje de peculiar

proven useful tools in identifying people who may be committing unlawful acts. On the negative side, however, they create a loss of individual autonomy because, in effect, everyone is being watched in the Orwellian sense by a "big brother." The surveillance in this installation approaches overload when the spectator views the landscape painting projected in negative on the back wall together, again, with images of the visitors in the diorama. By projecting the scene in negative, however, the desert landscape in the diorama appears white, as if covered with snow, thereby presenting a contrasting view of the white-capped peaks.

If those elements are surprising, so perhaps is the encounter with a group of mummies, each meticulously reproduced by the artist and placed in different areas in one of the gallery rooms.[6] Three mummies are depicted in the fetal position, common to the way bodies were interred by the Atacamenian culture, a Prehispanic culture older than 11,000 years. The Chinchorros, another ancient Andean culture, devised a complicated method of mummifying their dead around 5,000 BC, long before the Egyptians began experimenting with mummification.[7] Corvalán's mummies are also reminiscent of a specific Atacamenian mummy, thought to be about 2,800 to 3,100 years old, housed in the Regional

maravilla geográfica.

Al dejar el diorama para entrar al espacio adyacente, el espectador puede mirar, a través de la ventana del diorama, a los otros visitantes ubicados frente a la pintura. En ese punto el público comienza a darse cuenta que está siendo grabado por una cámara de circuito cerrado.[5] Las cámaras de vigilancia, donde se sitúen, han comprobado ser herramientas útiles en la identificación de quienes pudieran cometer actos ilícitos. Aunque desde el punto de vista opuesto éstas generan pérdida de la autonomía individual porque, en efecto, todo el mundo es vigilado en el sentido orweliano por un "gran hermano". La vigilancia sobrecargada de esta instalación se hace aún más evidente cuando el espectador ve proyectada, ahora en negativo, sobre la pared exterior-paralela al diorama, la imagen interior del diorama, incluyendo tanto paisaje como visitantes del espacio propiamente tal. Sin embargo, al ser proyectada la escena en negativo, el paisaje desértico aparece blanco como si estuviera cubierto de nieve, mostrando asi una imagen contrastada de cimas blancas.

Si esos elementos son sorprendentes, quizás también lo sea el encuentro con un grupo de momias, cada una meticulosamente reproducida por el artista

Archaeological Museum of San Pedro of Atacama in the Antofagasta Region.[8] The other two mummies in the gallery are configured in different outstretched positions, reminders of today's ongoing archaeological explorations as well as the physical remains of the "disappeared," whose bodies were deposited in various locations of this high, dry region in northern Chile during Pinochet's military rule.[9]

The word "Welcome," constructed in neon, is placed through several mummies. At first glance, the words are disconcerting and their meaning elusive. Linguistically they communicate an intent to receive someone with pleasure and hospitality. In that sense, are we being welcomed to a geographically barren territory, the driest in the world? Or are we being welcomed to the original site of one of the oldest cultures where the millennia are registered in the unearthed artifacts (textiles, bones, stone carvings, tools, among other materials) destined for museums? Or do the "Welcome" signs refer to a territory abundantly rich in natural resources that will be further developed through Chile's free-trade agreements? Perhaps all the above?

Julia P. Herzberg, Ph.D.

y puestas en diferentes áreas de una de las salas de la galería.[6] Tres momias están representadas en posición fetal, de la manera como los cuerpos eran enterrados por la cultura atacameña, cultura prehispánica cuya data supera los 11.000 años. Chinchorro, correspondiente a otra cultura andina antigua, diseñó un método complicado de momificación de sus muertos alrededor de 5.000 a.C., mucho antes que los egipcios comenzaran a experimentar con esta técnica.[7] Las momias de Corvalán son también reminiscencias de una momia atacameña específica, la que se piensa tiene entre 2.800 a 3.100 años, actualmente ésta se encuentra en el Museo Arqueológico de San Pedro de Atacama, Región de Antofagasta.[8] Las otras dos momias en la galería presentan diferentes posiciones extendidas, rememorando tanto las exploraciones arqueológicas que ocurren hoy día como también los restos físicos de detenidos desaparecidos durante la dictadura militar, los que fueron depositados en varios lugares de esta alta y árida región del norte de Chile.[9]

La palabra "Welcome", construída en neón, está puesta en la mayoría de estas momias. A primera vista las palabras resultan desconcertantes y de significado evasivo. Lingüísticamente ellas comunican la intención de recibir a alguien con placer y hospitalidad. En ese sentido, ¿se nos está

1 The artist's father, Héctor Ricardo Pincheira Núñez, was an advisor to President Salvador Allende. Dr. Pincheira Núñez was killed along with thirteen other persons in the president's inner circle on September 13, 1973, two days after the military coup d'état.

2 The U.S. - Chile Free-Trade Agreement (FTA), for example, that began officially on January 1, 2004, eliminates bilateral tariffs, lowers trade barriers, promotes economic integration, and aims to expand opportunities for the peoples of both countries.

3 The anthropologist Matías Garcés introduced the artist to the funeral rites of the Atacamenians, a culture that today claims some 3,000 people. Garcés also spoke about their wishes not to allow their mummified ancestors to be displayed publicly. Reproductions of the excavated mummies are made and sent to museums where they are displayed in place of the originals.

4 More than a million people live in the Atacama in coastal cities, mining compounds, fishing villages, and oasis towns. International teams of astronomers work in observatories on the Atacama's coastal range. Some farming activity is carried on with drip-irrigation systems.

5 Corvalán is very attuned to surveillance systems of all kinds and often employs closed-circuit cameras in his work. He is especially knowledgeable about the Condor Operation in which the Chilean dictatorship organized a six-country alliance of secret police agencies, which provided surveillance of each other's dissidents and helped assassinate the most troubling exiled opponents.

6 The artist made the mummies from polystyrene, covered them with layers of different kinds of earth brought from the desert, and then painted them. In figuring out the best methods to replicate the mummies, Corvalán consulted Harold Krusell Johansen, the artist in charge of creating dioramas and reproducing mummies at the National Museum of Natural History in Santiago, Chile.

7 Corvalán has seen Chinchorro mummies, the oldest human-made mummies in the world, in several museums in Chile. The Chinchorro culture appears to have settled in the area around Arica in northern Chile 11,000 years ago. Chinchorro mummies are in the Archaeological Museum in San Miguel de Azapa, part of the University of Tarapacá, near Arica. For the specific procedures of mummification, see http:// www.archaelogy.org and http:// www.uta.cl/masma (Masma WEB, Museo Arqueológico San Miguel de Azapa).

8 The Atacamenian mummy, nicknamed Miss Chile because she is believed to have been beautiful, is a prized artifact in the Museum Gustavo Le Paige in San Pedro de Atacama (Museo R. P. Gustavo Le Paige). The museum was first inaugurated in 1957 with objects and mummies that Father Gustavo Le Paige, a Belgian Jesuit priest, had collected from the area. In 1963 the Catholic University of the North opened its first pavilion. The museum now has several buildings including laboratories and a library and documentation building. The collection has around 380,000 pieces.

9 Corvalán visited a memorial site marking a former common grave that had contained twenty-six bodies executed during the Pinochet years. In July 1990 an unidentified informer told the families of the disappeared that the military was removing bodies from an unmarked grave. The operation was stopped and eventually the bodies were disinterred, identified, and subsequently buried elsewhere.

dando la bienvenida a un territorio geográficamente árido, el más seco del mundo? ¿O se nos está dando la bienvenida al sitio original de una de las culturas más antiguas, donde los milenarios artefactos desenterrados (textiles, huesos, esculturas de piedra, herramientas, entre otros materiales) están destinados a los museos? ¿O los letreros “Welcome” se refieren a un territorio abundantemente rico en recursos naturales que se seguirán desarrollando aun más a través de los acuerdos de libre comercio en Chile?. ¿Quizás todo lo expresado anteriormente?.

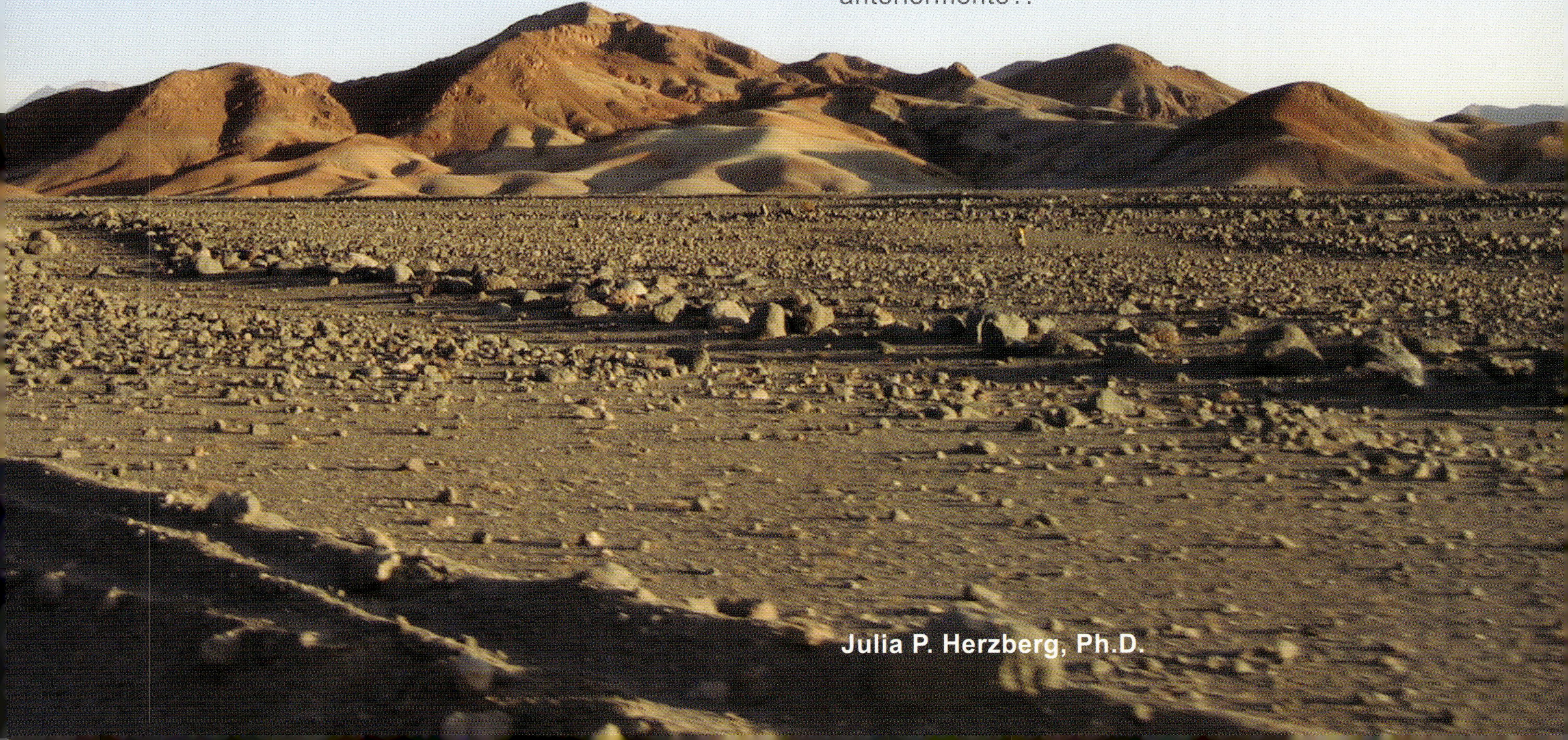

Julia P. Herzberg, Ph.D.

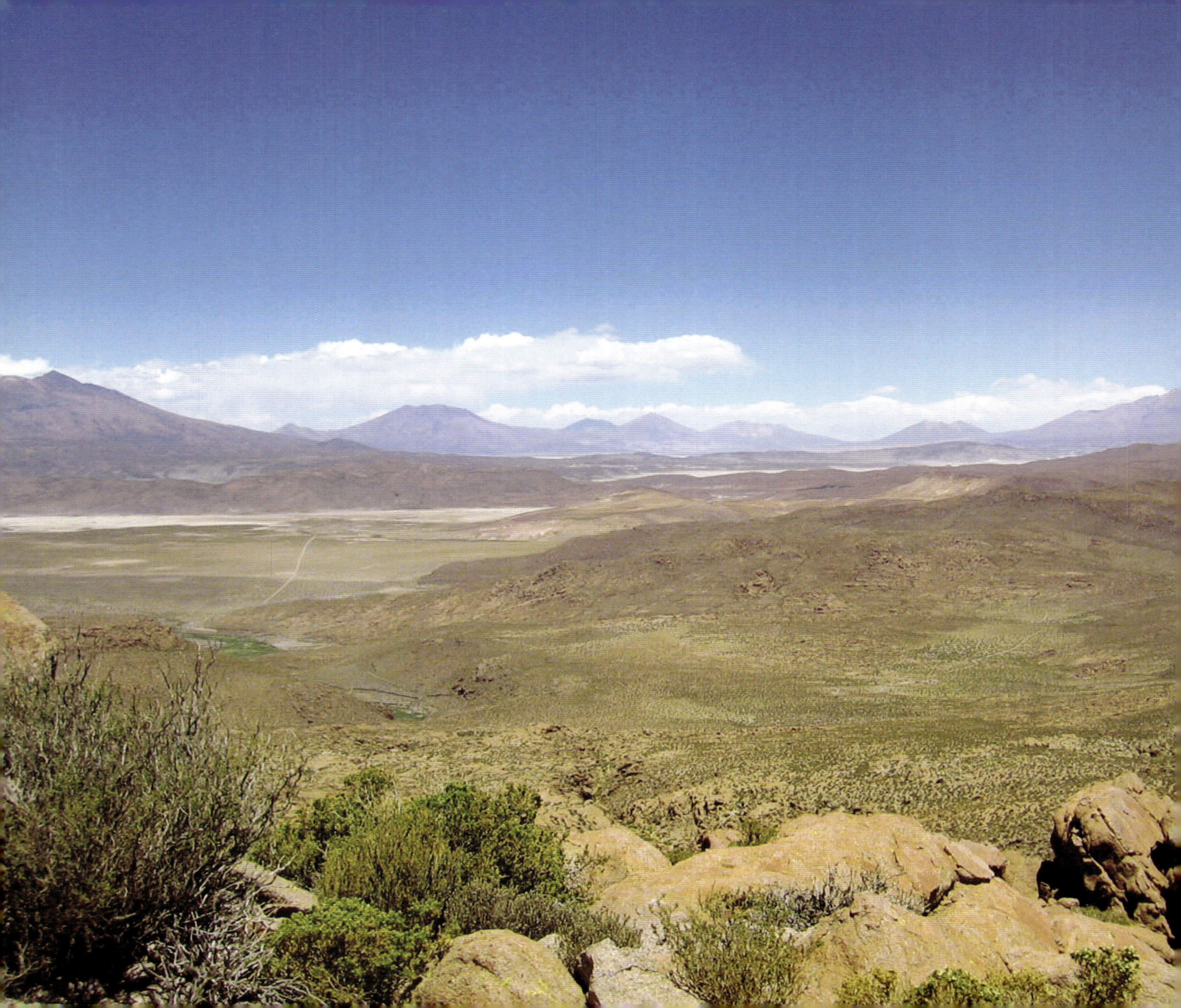

1 El padre del artista, Héctor Ricardo Pincheira Núñez, fue consejero del Presidente Salvador Allende. El Dr. Pincheira Nùñez fue asesinado junto a otras trece personas del círculo interno del presidente el 13 de septiembre de 1973, dos días después del golpe de estado.

2 El Acuerdo de Libre Comercio entre los Estados Unidos y Chile, por ejemplo, que comenzó oficialmente el 1 de enero de 2004, elimina tarifas bilaterales, baja las barreras comerciales, promueve la integración económica, y apunta a aumentar las oportunidades para la gente de ambos países.

3 El antropólogo Matías Garcés introdujo al artista en el estudio de los ritos fúnebres de los atacameños, cultura que hoy está conformada por unas 3.000 personas. Garcés también dejó en claro la postura de los atacameños de no permitir que sus antepasados momificados fueran exhibidos públicamente. Con frecuencia se realizan reproducciones de momias excavadas que se envían a museos, donde se exhiben en lugar de las originales.

4 Más de un millón de personas viven en Atacama en ciudades costeras, pueblos mineros, aldeas de pescadores, y pueblos en oasis. Equipos internacionales de astrónomos trabajan en los observatorios ubicados en la franja costera de Atacama. Existe cierta actividad agrícola sustentada por sistemas de regadío por goteo.

5 Corvalán armoniza muy bien con sistemas de vigilancia de todo tipo y repetidamente emplea cámaras de circuito cerrado en su obra. Corvalán posee especial interés y conocimiento sobre la Operación Cóndor en la que la dictadura chilena hizo una alianza con agencias de policía secreta de seis naciones, las que vigilaban a disidentes de estos países y colaboraban en asesinar a los opositores exiliados considerados más problemáticos.

6 El artista hizo las momias de poliestireno cubriéndolas con capas de diferentes tipos de tierra traída del desierto para pintarlas posteriormente. Pensando en utilizar el mejor método para realizar réplicas de momias, Corvalán consultó a Harold Krusell Johansen, artista a cargo de la creación de dioramas y reproducción de momias en el Museo Nacional de Historia Natural, Santiago, Chile.

7 Corvalán ha tenido la oportunidad de ver momias de Chinchorro en diversos museos de Chile, las momias más antiguas del mundo hechas por el ser humano. Se estima que la cultura Chinchorro se estableció en el norte de Chile en el área de los alrededores de Arica hace 11.000 años. Estas momias se encuentran en el Museo Arqueológico de San Miguel de Azapa, cerca de Arica, el cual pertenece a la Universidad de Tarapacá. Para saber más sobre este procedimiento específico de momificación, consulte en httpp://www.archaelogy.org y http://www.uta.cl/masma (Masma Web, Museo Arqueológico San Miguel de Azapa).

8 La momia atacameña, apodada Miss Chile y llamada así por su supuesta belleza, es pieza apreciada en el Museo Gustavo Le Paige, San Pedro de Atacama (Museo R.P. Gustavo Le Paige). Este museo fue primeramente inaugurado en 1957 con objetos y momias que el padre Gustavo Le Paige, cura jesuita belga, había recolectado en el área. En 1963 la Universidad Católica del Norte inauguró su primer pabellón. Actualmente el museo tiene varias edificaciones incluyendo laboratorios, biblioteca y un centro de documentación. La colección posee alrededor de 380.000 piezas.

9 Corvalán visitó un sitio memorial recordatorio de una fosa común anterior que había contenido veintiséis cuerpos ejecutados durante los años de la dictadura de Pinochet. En julio de 1990 un informante no identificado les dijo a los familiares de los desaparecidos que los militares estaban sacando los cuerpos de una tumba clandestina. La operación fue detenida y eventualmente los cuerpos fueron desenterrados, identificados, y posteriormente enterrados en otro lugar.

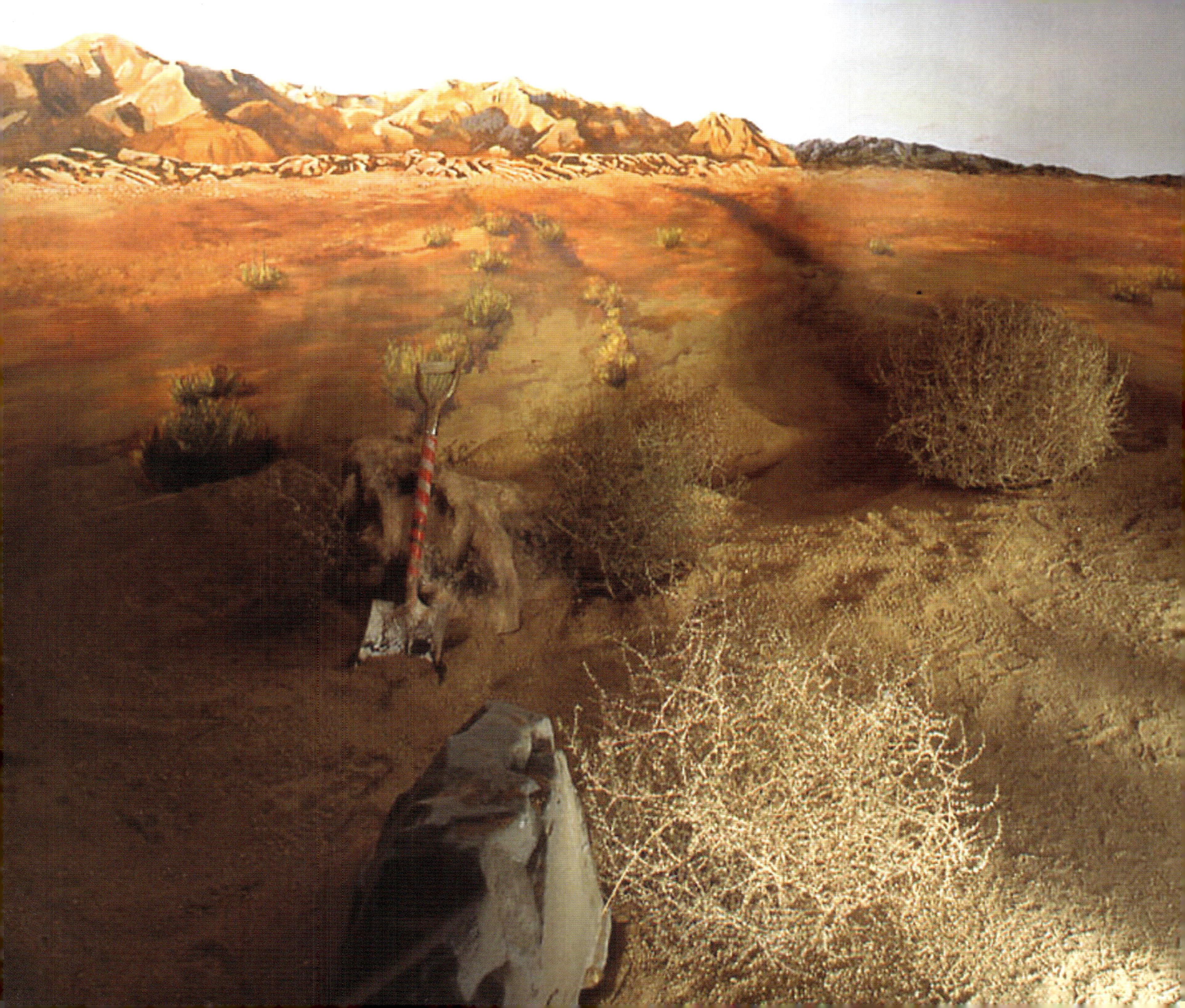

THE HORIZON OF DESOLATION EL HORIZONTE DE LA DESOLACION

Certainly landscape is not nature, in the strict sense, but corrected nature (as Poe opportunely pointed out). Dedicated to subjectivity, a landscape is the scenic realization of distance, as the place projects itself in depth, corresponding to what idealist aesthetics called contemplation. In this work, Corvalán reflects on landscape and folds it into itself through irony: the outdoor landscape as a scenography inside the gallery. The pictorial landscape is recalled here, not as a citation of art history, but rather as a slice of human history pedagogically exhibited and considering the museum as verisimilar. In this way, Corvalán returns to a topic that has been recurrent in his works: the body as a scene of violence. In this place, violence can be interpreted, absorbed, assimilated, and even erased by current policy. In fact, the museum implies the classified conservation, preservation, and exhibition of the past as a memory made out of objects and documents. But it also implies the "custody" of the past against the "wrong" interpretation of the present, which could erase or ignore different temporal layers.

To a certain extent, the museum suspends the temporality of things, rescues them from the flow that corrupts them and submerges them into forgetfulness. But the museum also stops the course of time by virtue of which that body and its circumstance of

Ciertamente, el paisaje no es naturaleza en sentido estricto, sino naturaleza corregida, como alguna vez lo señaló acertadamente Poe. Dedicado a la subjetividad, el paisaje es la puesta en obra de una distancia en virtud de la cual el lugar se proyecta en profundidad, en correspondencia con eso que la estética idealista denominó la contemplación. En esta obra, Corvalán reflexiona el paisaje, lo pliega sobre sí mismo mediante una ironía: el paisaje como una escenografía al interior de la galería. El paisaje pictórico es convocado aquí, pero no como una cita de la historia del arte, sino más bien de la "historia del hombre", exhibida pedagógicamente tomando al museo como verosímil. De esta manera, Corvalán vuelve sobre un tema que ha sido recurrente en sus obras: el cuerpo como lugar de ejercicio de la violencia en donde ésta se da a leer, pero también en donde la violencia puede resultar absorbida, asimilada y hasta borrada por la política del presente. En efecto, el museo implica la conservación y exhibición clasificada del pasado, al modo de una memoria hecha de objetos y documentos. Pero implica también la "custodia" de ese pasado contra la "mala interpretación" del presente, que podría borrar o ignorar las diferencias temporales, los distintos espesores epocales.

En cierto sentido, el museo suspende la

death could still be related to the present in which we find it and contemplate it. That is to say, the epistemic neutrality of the museum setting ensures the recording of that body in "other time," a time discontinuous in relation to ours. Then, although it could be reasonably said that the world favors a linear, chronological time, and certainly narrative time as well, the display of these mummy surrogates is about a poetics that has incorporated the mark of finiteness. All existence becomes its own interruption.

The mummy, like the fossil, evokes a museum object in our modern mindset, making it its own place. It is as if the natural process of mummification, from the very beginning, precisely consisted in the production of that object for exhibition in a museum display-window. The natural thickness of the mummified body shows its temporal distance in relation to the present. But something strange happens with the mummy; it is as if it were not a corpse at all. In fact, a mummy is the signifier fallen from a story: it is not only a natural fact but also a barbaric document. In its frightened, frozen-tremble position, there is also a kind of resignation, as if in those body remains (in that individual whose body is the only thing that remains when everything has been lost), the consciousness that would have occurred at the very moment of death has also solidified, like an

temporalidad de las cosas, las rescata del flujo que las corrompe y sumerge en el olvido. Pero también la lógica museal detiene el curso del tiempo en virtud del cual ese cuerpo y su circunstancia de muerte se podrían todavía relacionar con el presente en el que lo encontramos y contemplamos. Es decir, el museo en su neutralidad epistémica asegura la inscripción de ese cuerpo en un tiempo otro, "su" tiempo, discontinuo con respecto al nuestro. Entonces, aún cuando bien podría decirse que el mundo opera a favor de un tiempo cronológico lineal -y además, por cierto, narrativo-, se trata de una poética que ha incorporado la impronta de la finitud. Toda existencia se constituye en su interrupción.

La momia -al igual que ocurre con el fósil- refiere en nuestro imaginario moderno una pieza de museo, haciendo de éste su lugar propio. Es como si el proceso natural de momificación consistiera desde un comienzo precisamente en la producción de esa pieza, para ser exhibida en la vitrina de un museo. El espesor natural del cuerpo momificado exhibe su distancia temporal con respecto al presente. Pero ocurre algo extraño con la momia, es como si no fuese del todo un cadáver. En efecto, una momia es el significante caído de un relato: es un hecho natural y también un documento de barbarie. En su postura de miedo, de temblor congelado, hay también algo de

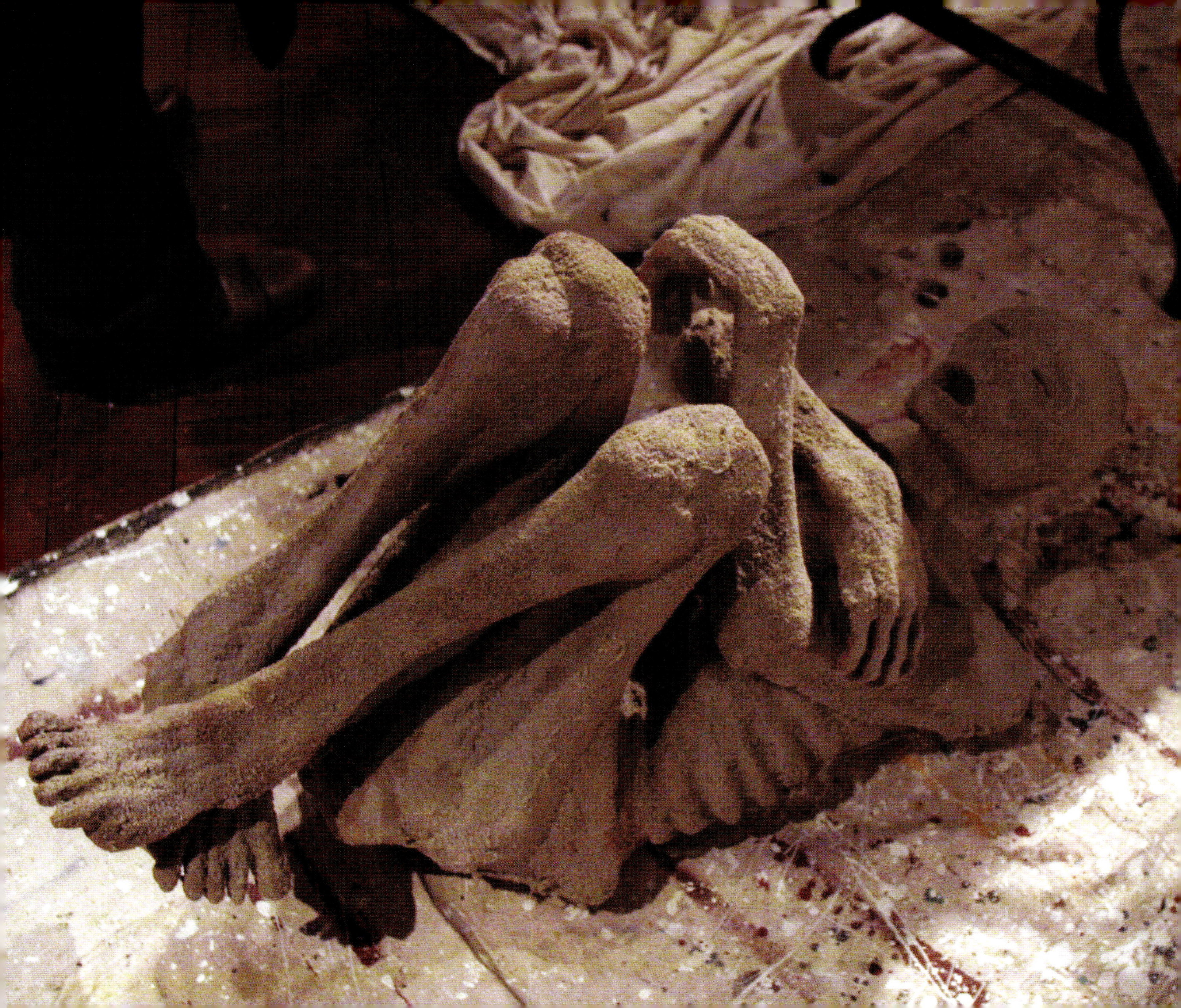

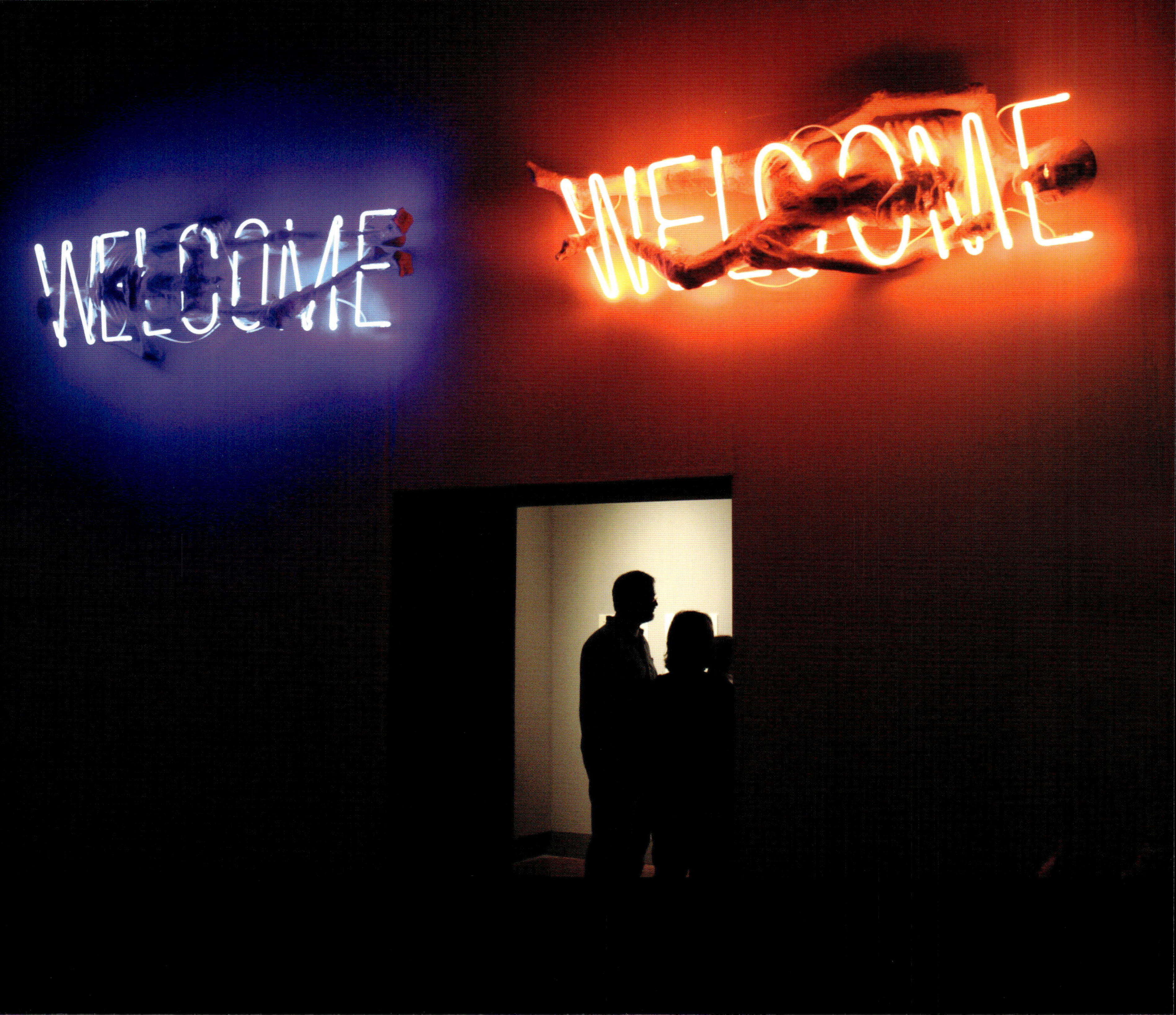
WELCOME
WELCOME

enigma. That mummified body, now in a museum, an object maximally protected and displayed for infinite contemplation and compassion, is the violent result of the intemperateness of desert exposure.

How does the word "welcome" operate, in its impudence, crossing those remains and stamping an odd violence with its clean phosphorescence? It involves the spectator as an accomplice in the ambiguity of its production. As it is well known, museums powerfully collaborate in the production of touristic images of a country, showing its singularity to a passing glance that is indifferent and greedy at the same time. Corvalán's *Free Trade Ensambladura* sets on stage the production of that "experience," preserved and ready for being aesthetically consumed. Perhaps it suggests that a country could become a huge reserve of buried things. The desert landscape as scenography is the metaphor for a kind of "underground memory." If the desert has become an ecosystem because of the artist's work, if nature is only craft, then we are before a construction in the middle of desolation.

The desert is the presence of the vanished body. Various names refer to what underlies the surface: the deep, the unconscious, the basic, the forgotten (either for being terrible or impertinent).

resignación, como si en ese resto de cuerpo (en ese individuo del cual sólo ha quedado su cuerpo como resto, como lo quw todavía queda cuando todo se ha perdido) se hubiese sedimentado también, como un enigma, la conciencia que tendría lugar en el instante mismo de la muerte. Ese cuerpo momificado, ahora en un museo, objeto máximamente protegido y dispuesto para una infinita contemplación y compasión, fue el violento resultado de la máxima exposición en la intemperie.

¿Cómo opera en su impudicia la palabra "welcome", atravesando aquellos restos, imprimiendo con su limpia fosforescencia una extraña violencia? Involucra, en su productiva ambigüedad, al espectador como cómplice. Como se sabe, los museos colaboran poderosamente en la producción de la imagen turística de un país, exhibiendo la singularidad de éste a una mirada en tránsito, indiferente y ávida a la vez. *Free Trade Ensambladura* pone en escena la producción de esa "experiencia", envasada y dispuesta para su consumo estético. Sugiere acaso que un país podría llegar a convertirse en una gigantesca reserva de cosas enterradas. El paisaje desértico como escenografía es la metáfora de una especie de "memoria bajo tierra". Si por obra del artista el desierto ha devenido "ecosistema", si la naturaleza

Even a body's own disappearance could end up disappearing.

When the past is to be exhumed, the work of the forensic archaeologist is also a policy of distance, which repeats the limits between one period of time and another, now as the discontinuity between what is under ground and what continues happening on it. The earth's surface - as soil and forgetfulness - is the edge from which the present "relates" the past, and the latter "relates" the catastrophe; it is the same as other's history, anyway, somebody's history who has already gone.

In the strict sense, Corvalán's installation is more than a criticism of the policies that democracy has administered or the terror that preceded them in our history; rather it deals with the scenic realization of fatality by which the past discloses itself to the pathetic but innocent ignorance of the survivors.

Sergio Rojas Ph.D.C.

es sólo artificio, entonces estamos ante una construcción en medio de la desolación.

El desierto es la presencia del cuerpo desaparecido. Diversos nombres designan lo que yace abajo: lo profundo, lo inconsciente, lo básico, lo olvidado por terrible o por impertinente, y entonces hasta su misma desaparición terminaría por desaparecer.

He allí la consumación del olvido o, lo que es lo mismo, la fatal edición de la memoria. Cuando el pasado ha de ser desenterrado, el oficio del arqueólogo-forense es también una política de la distancia, que repite el límite entre un tiempo y otro, ahora como discontinuidad entre lo que hay bajo tierra y lo que sigue transcurriendo sobre ella. La superficie de la tierra - como suelo y olvido - es el límite a partir del cual el presente "se relaciona" con el pasado, como éste con su catástrofe, correspondiese a la historia de otro, en todo caso, la historia del alguien que ya no está.

En sentido estricto, más que una crítica a las políticas con que la democracia ha administrado el terror que las antecede en nuestra historia, se trata más bien aquí de la puesta en obra de la fatalidad con la que el pasado se cierra sobre sí, tras la patética pero inocente ignorancia de los sobrevivientes.

Sergio Rojas Ph.D. (c)

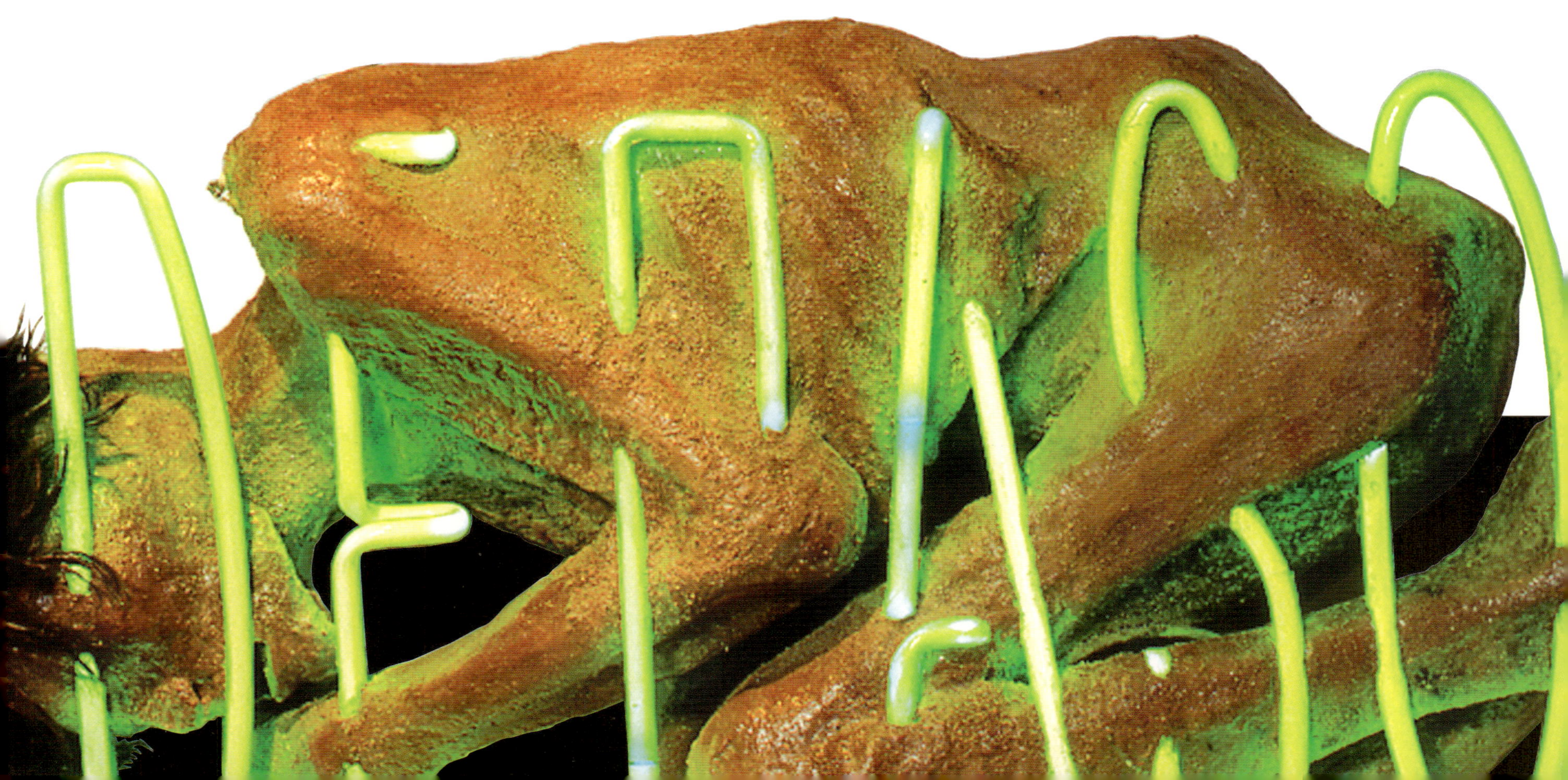

INSTALLATION IMAGES IMAGENES DE LA INSTALACION

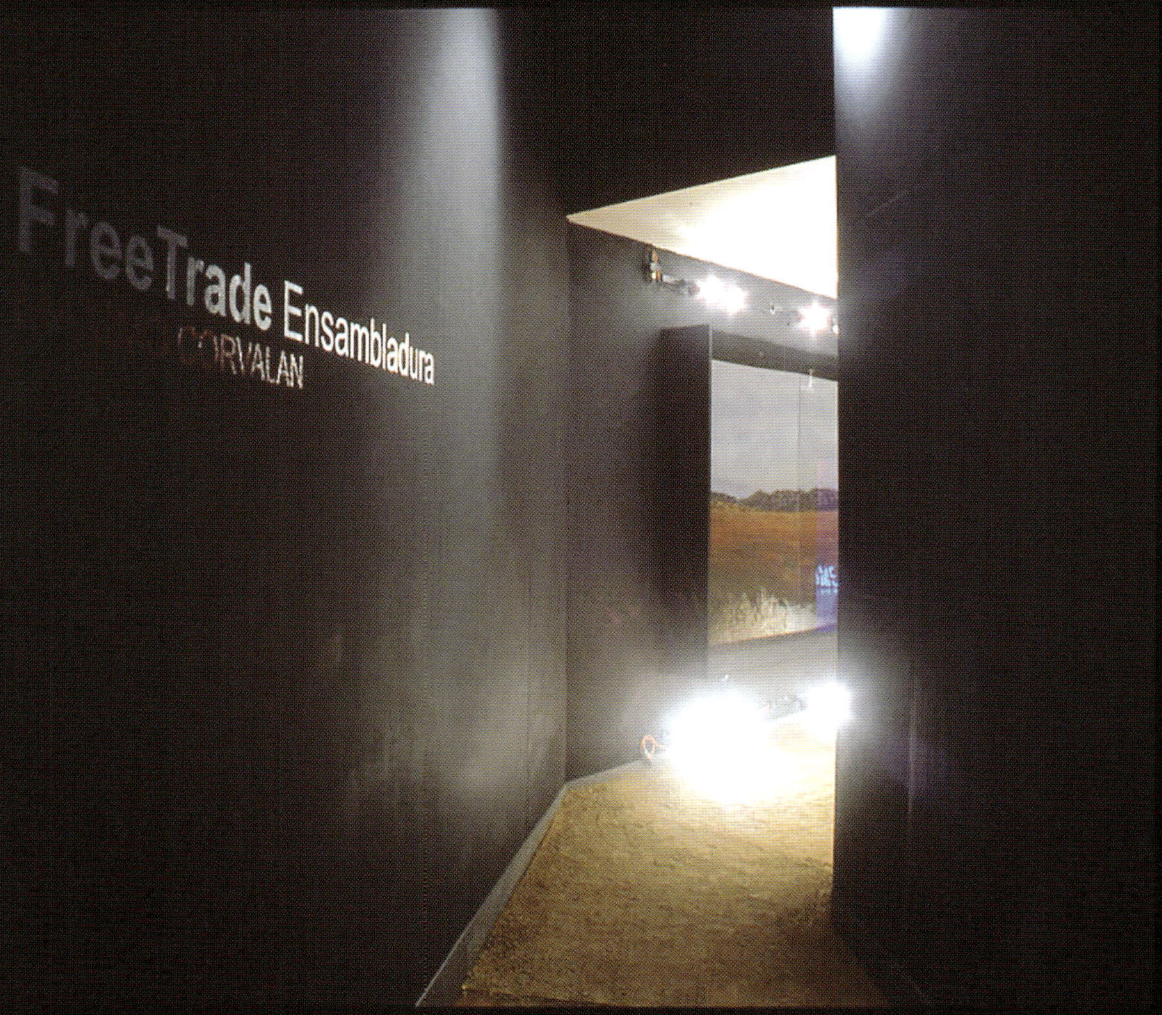

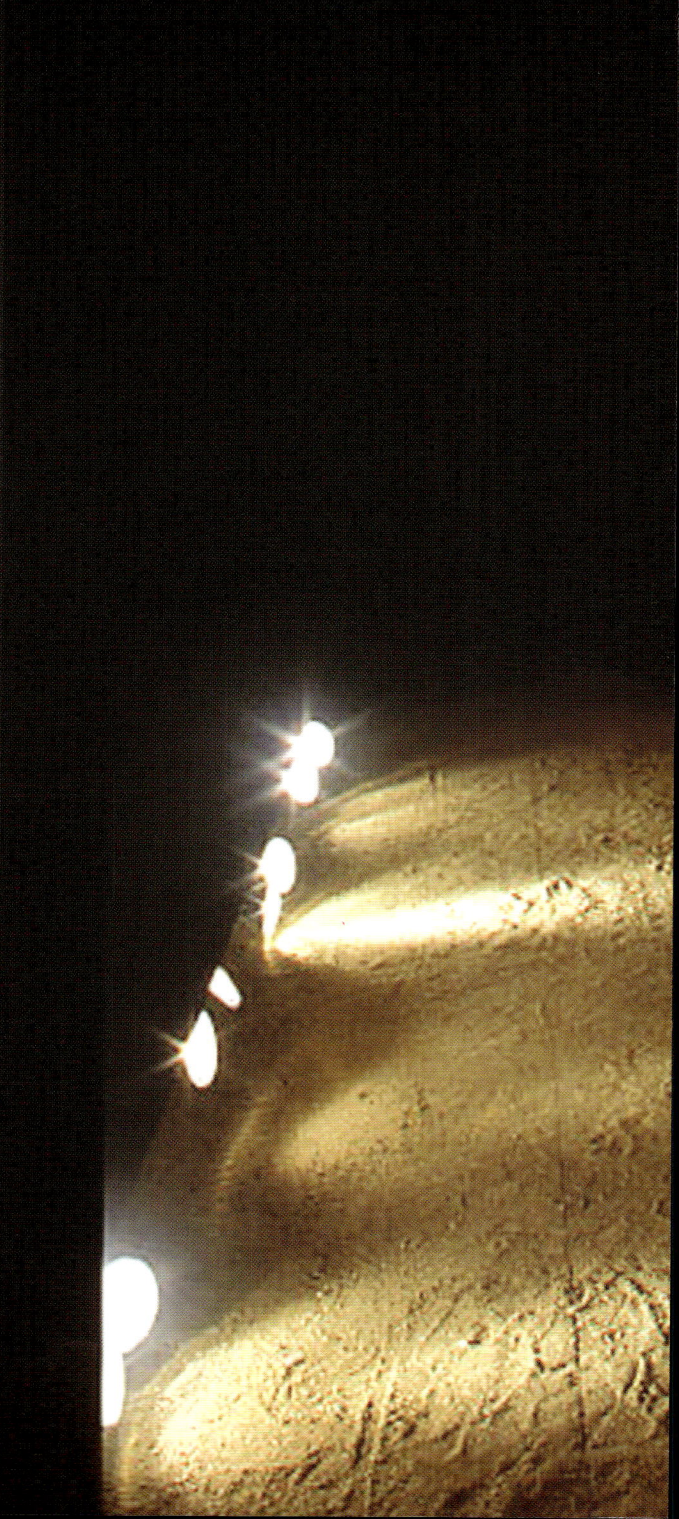

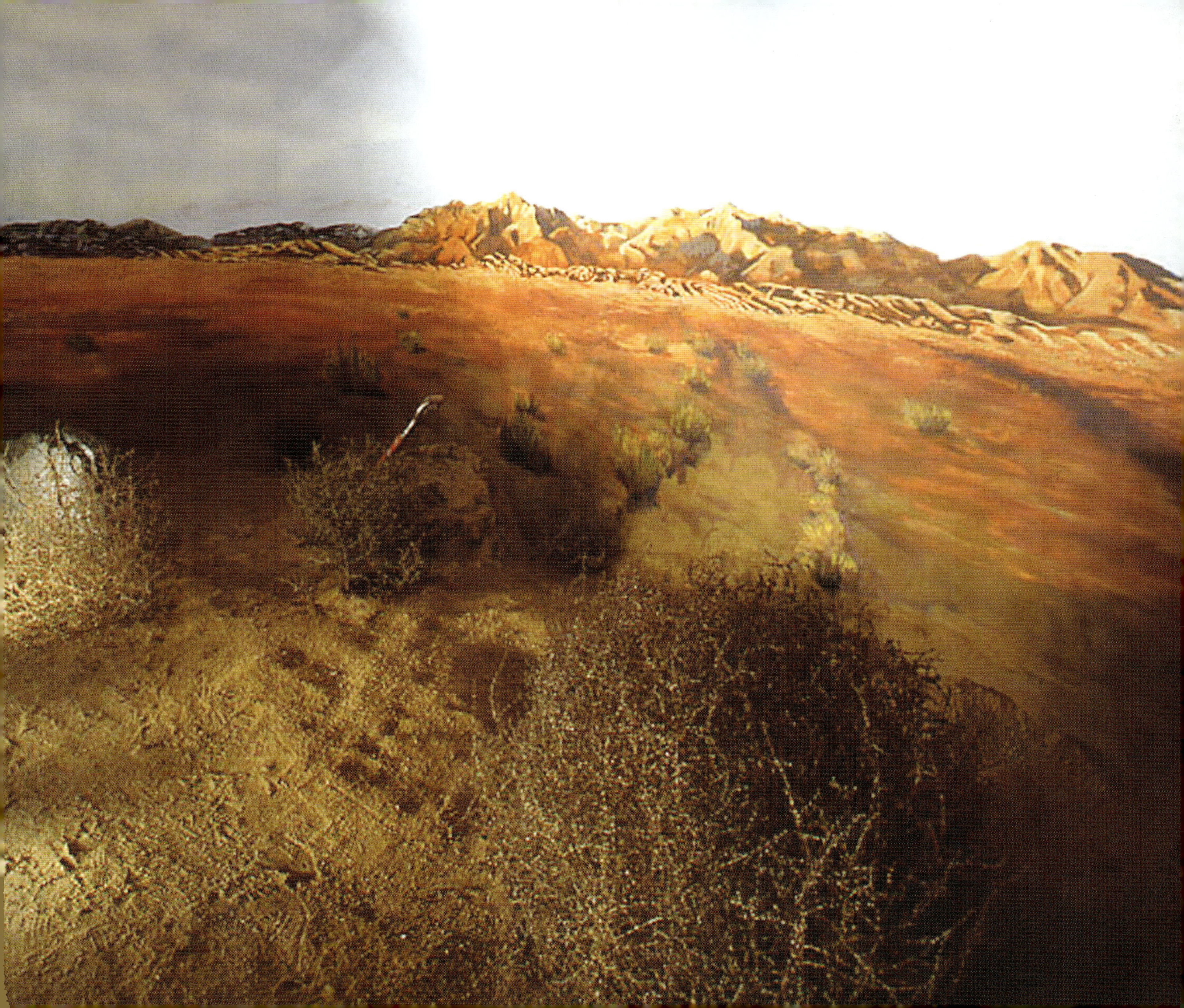

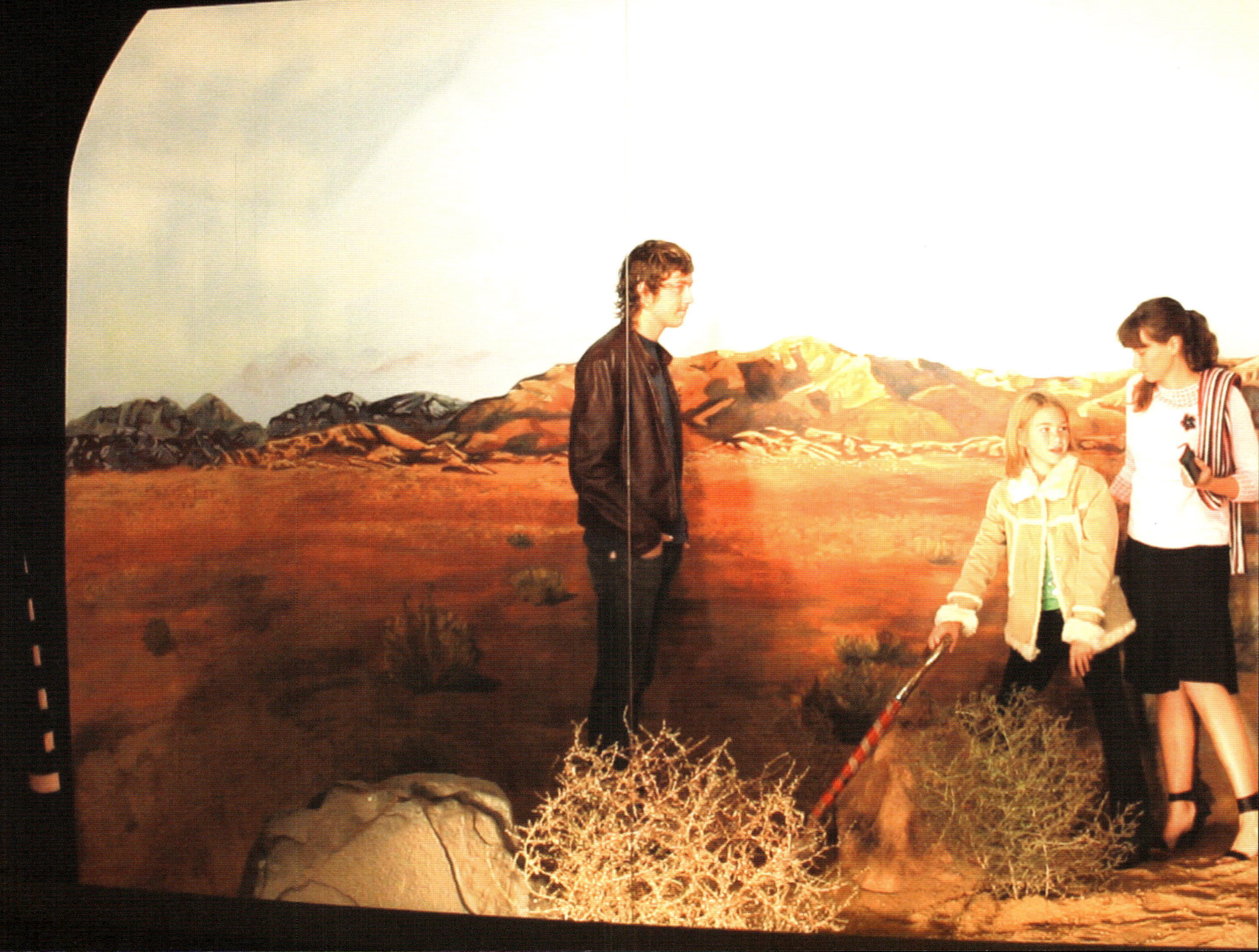

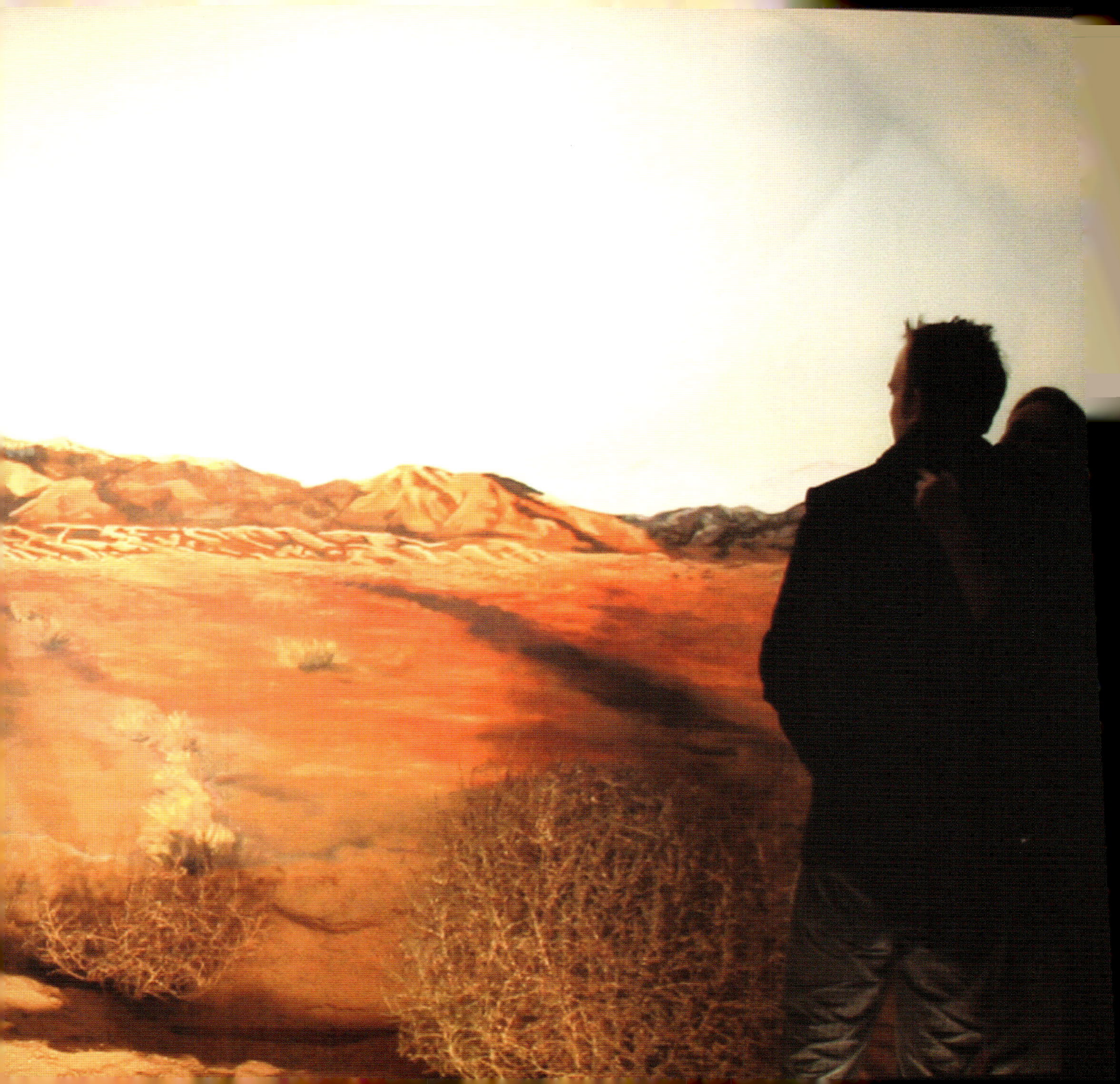

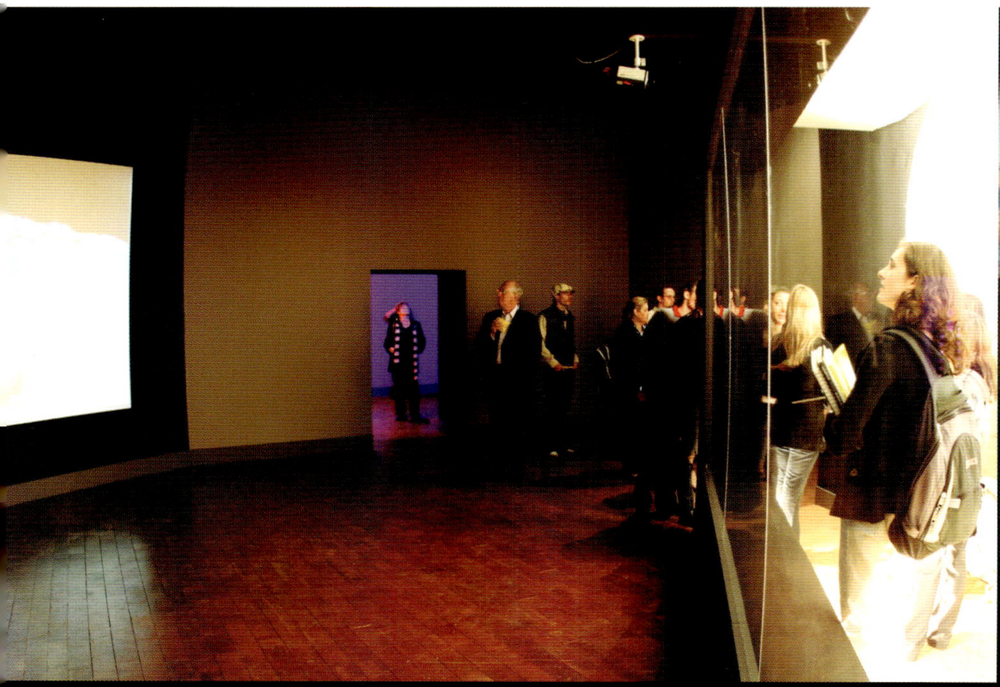

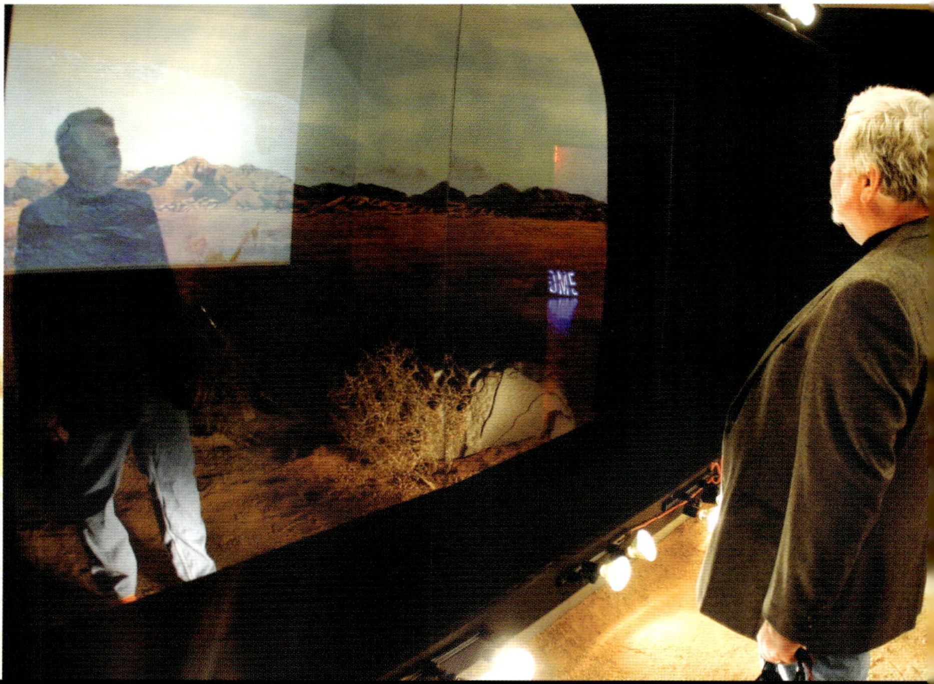

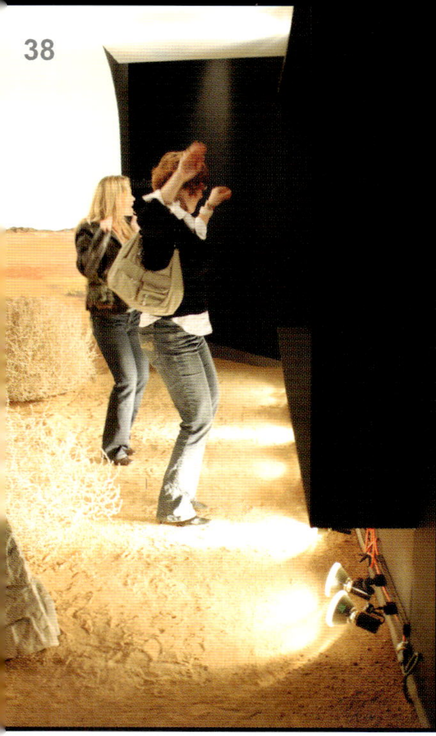

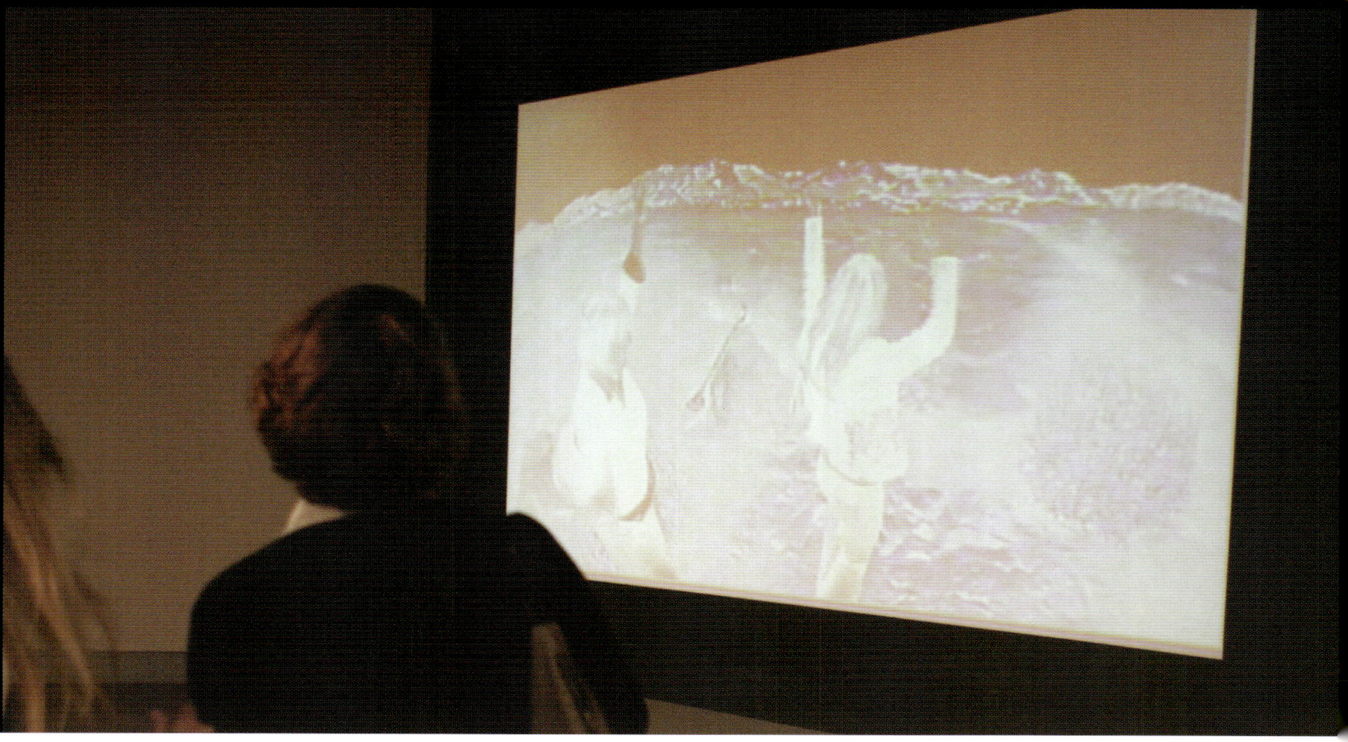

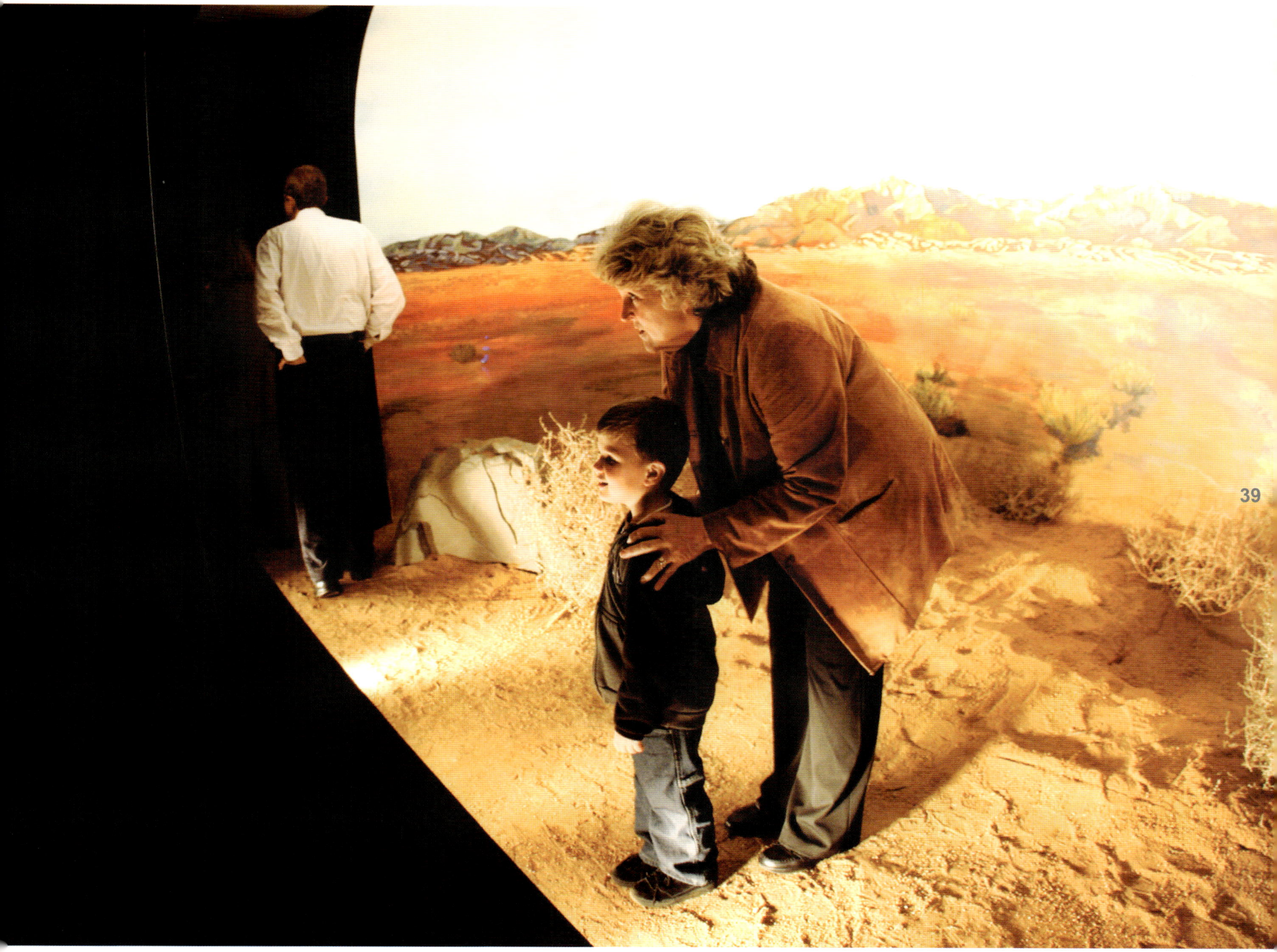

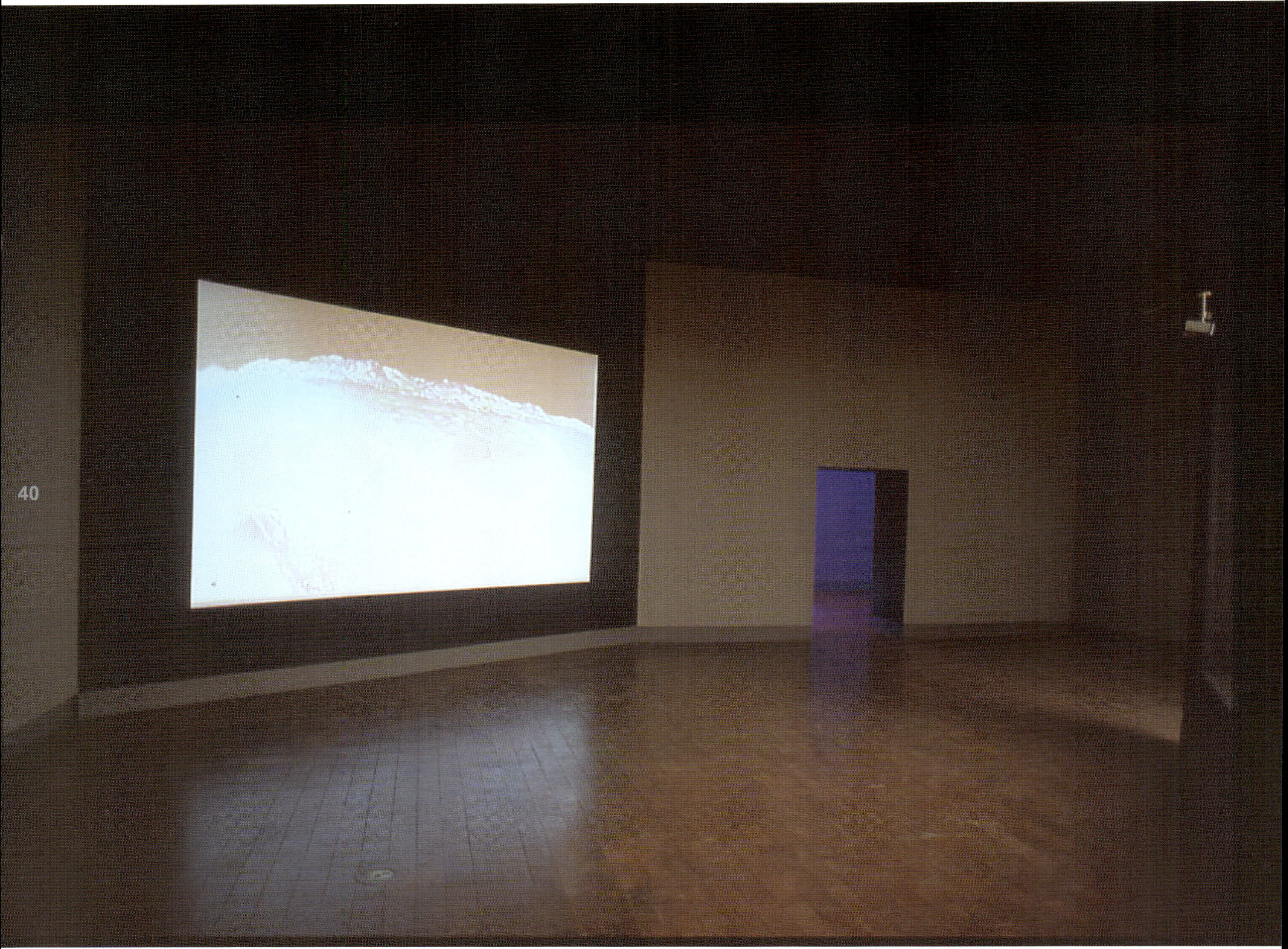

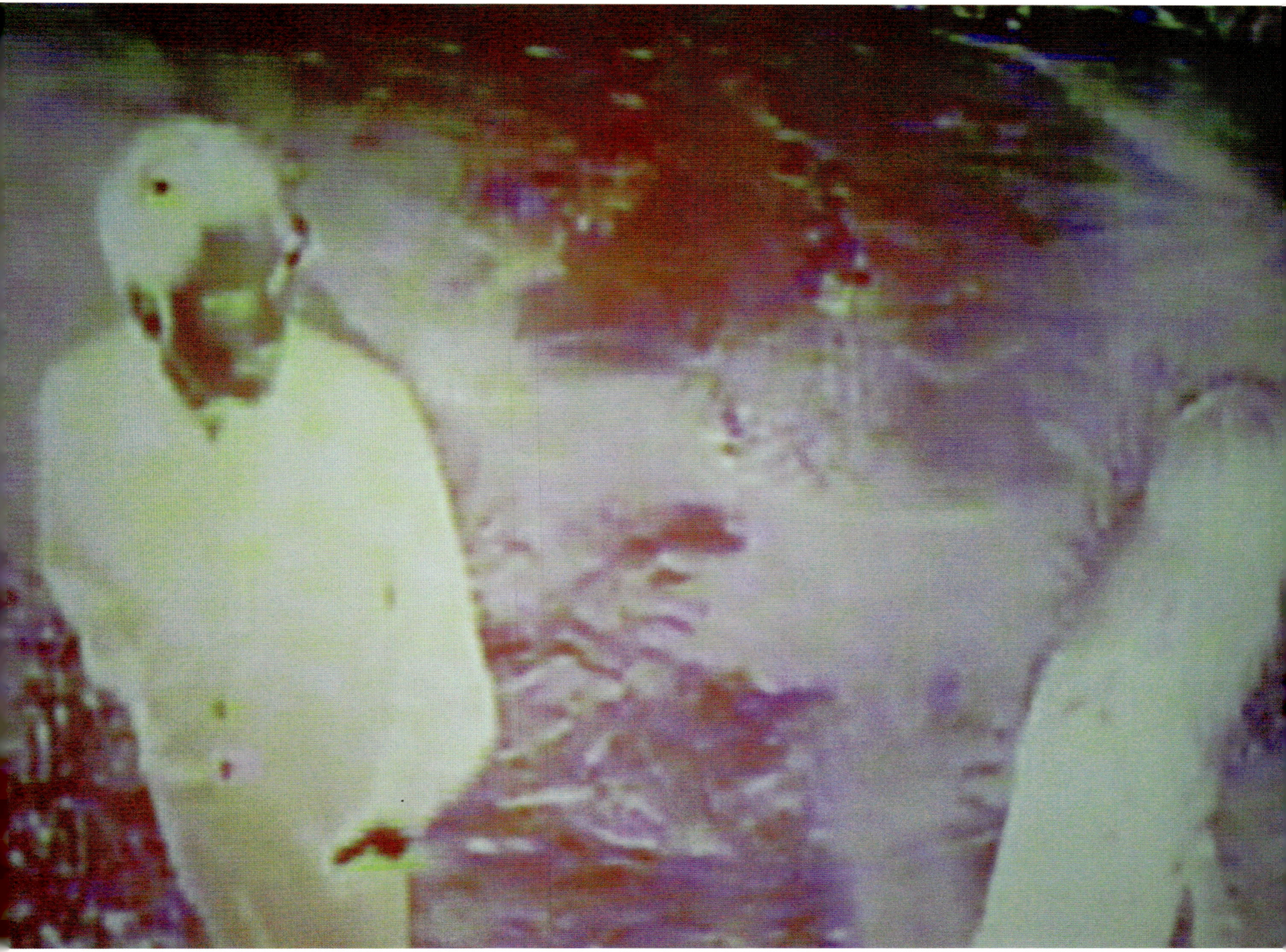

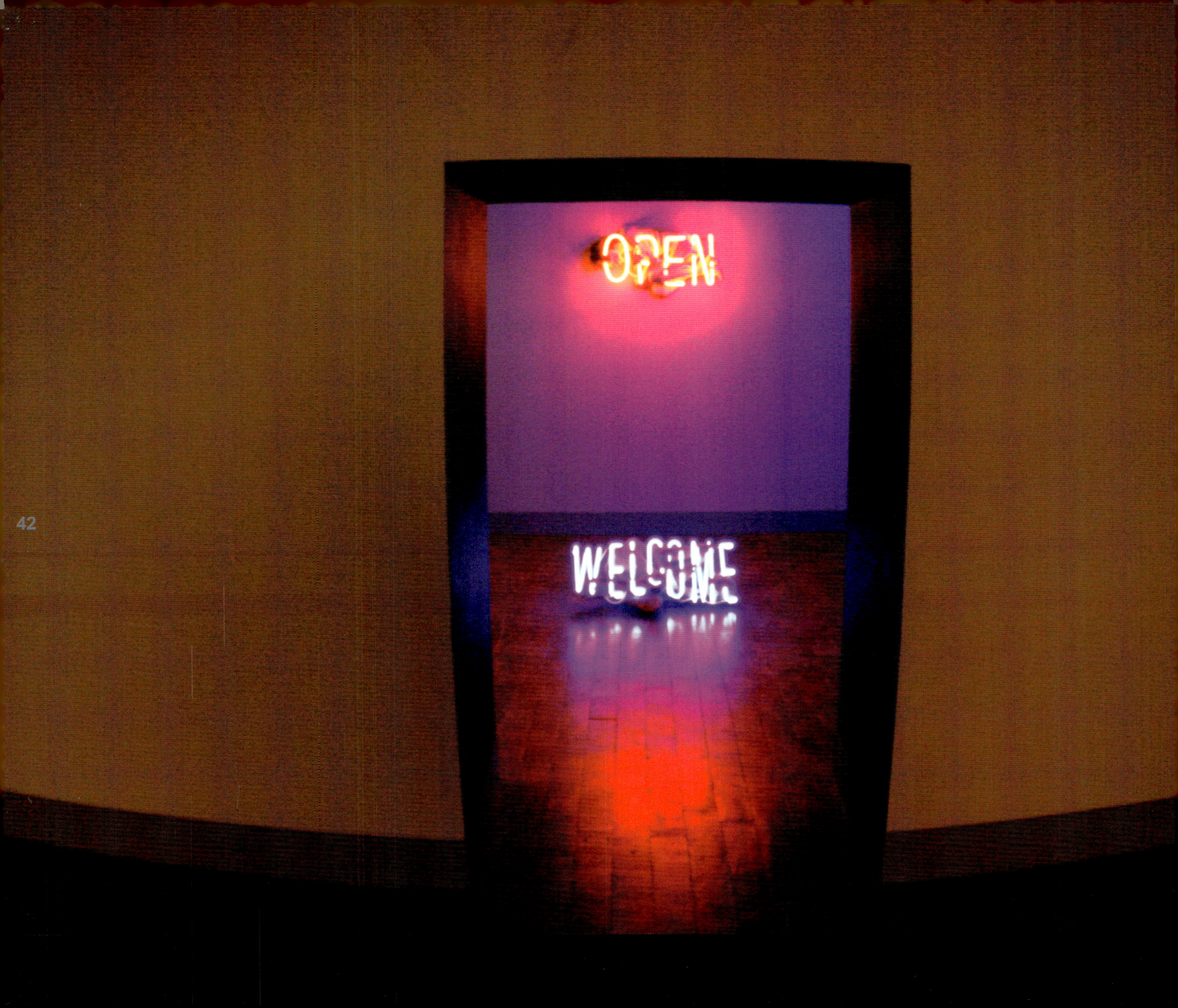
OPEN
WELCOME

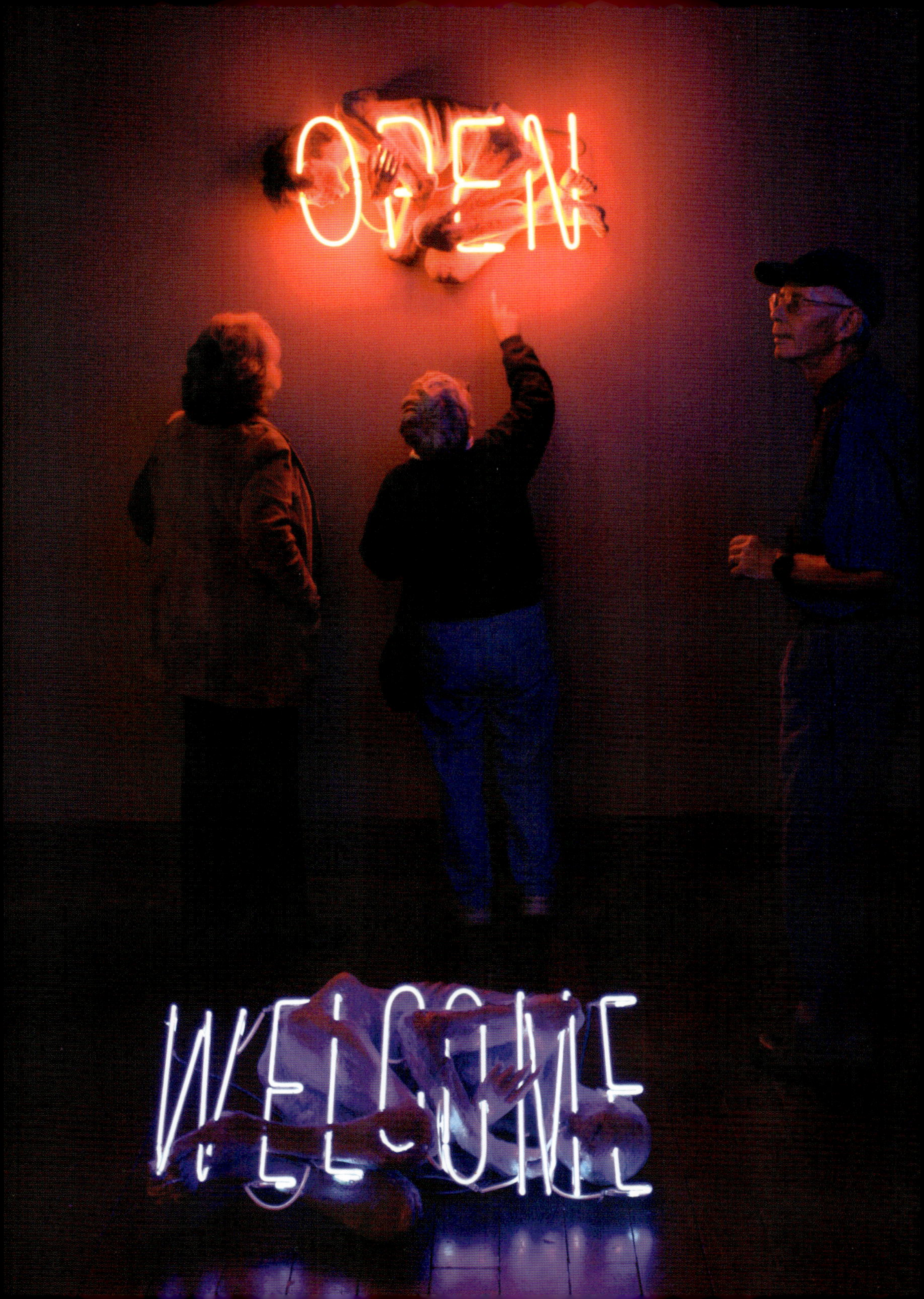
OPEN
WELCOME

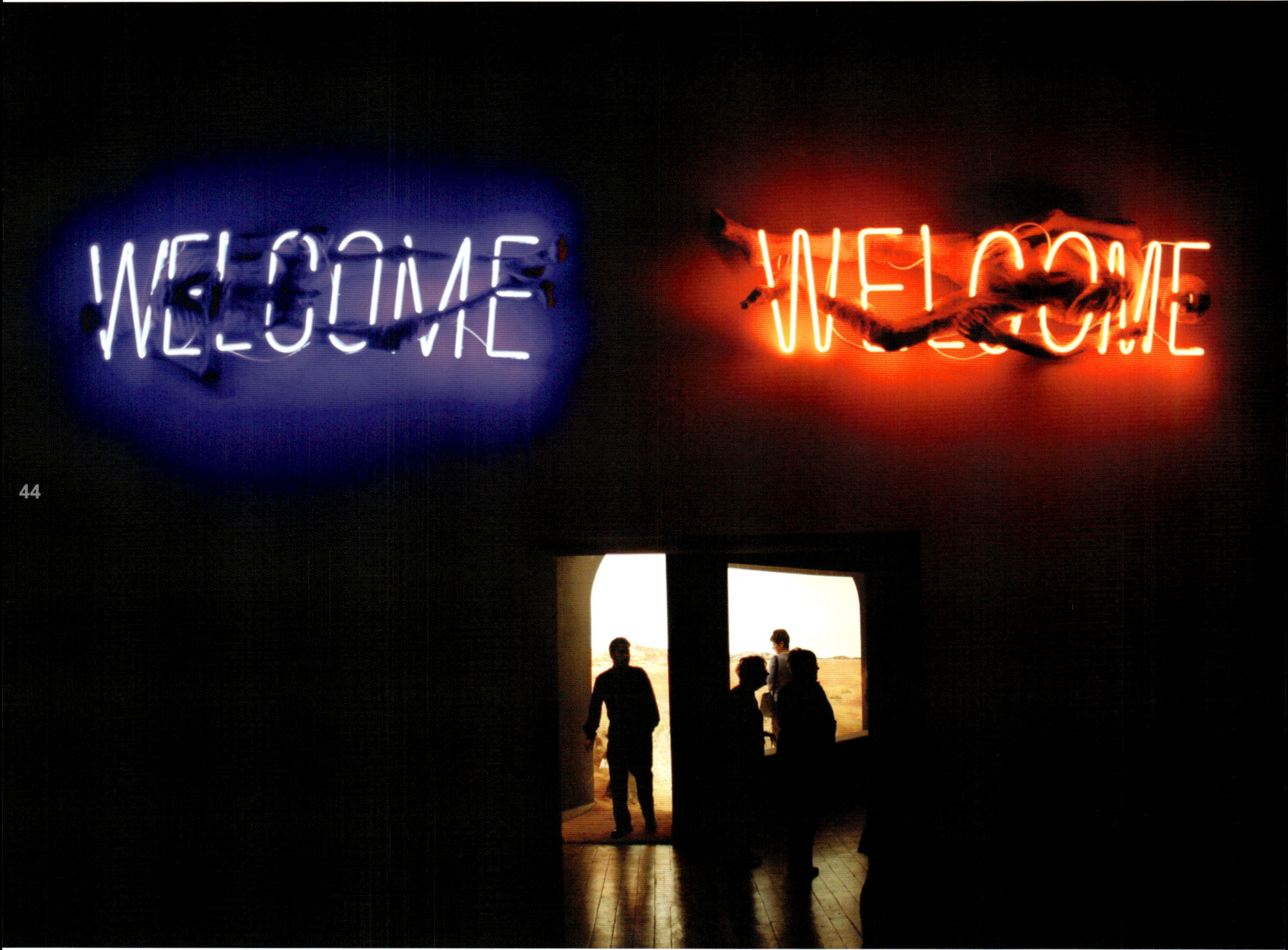
WELCOME
WELCOME

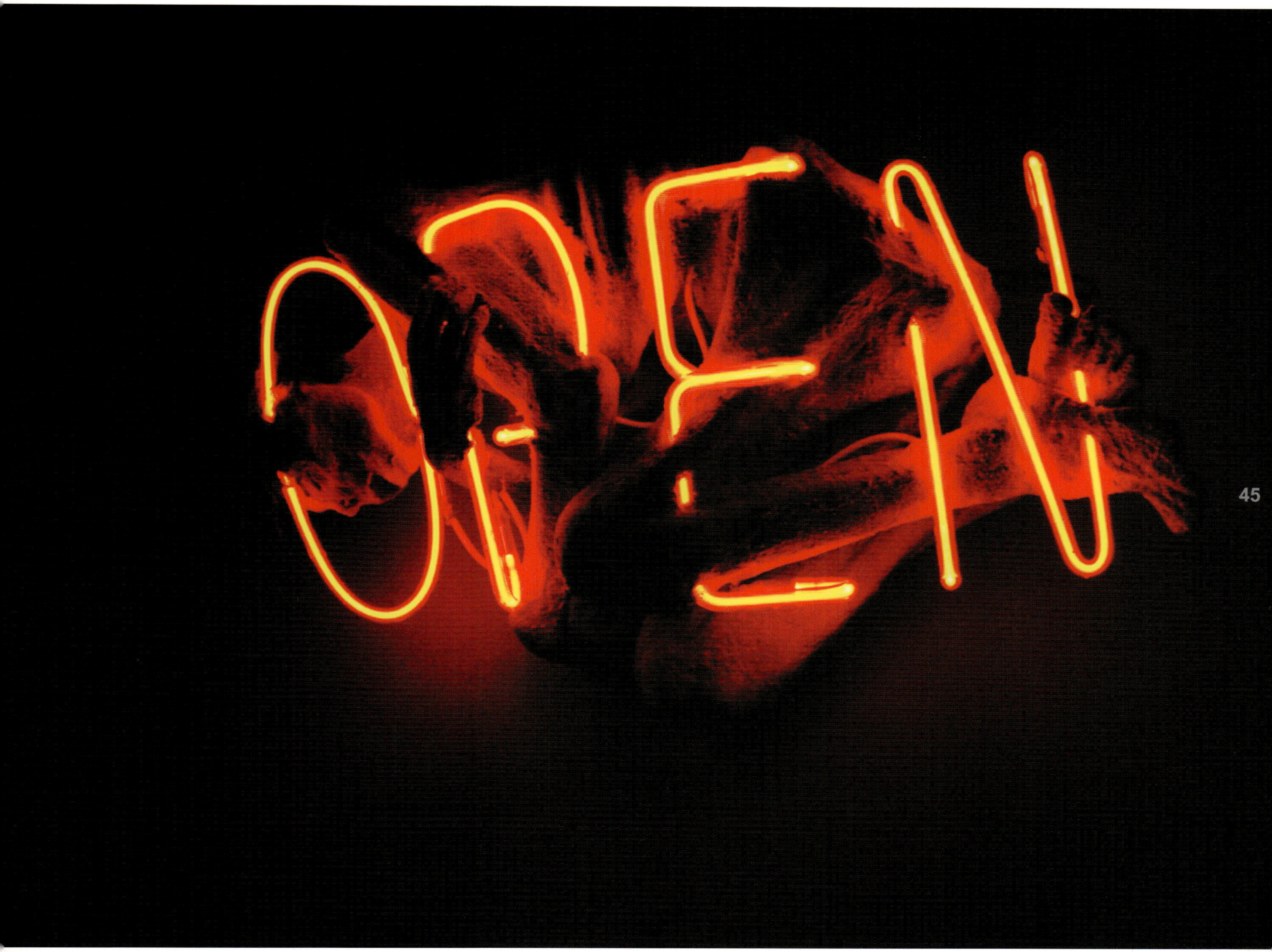
OPEN

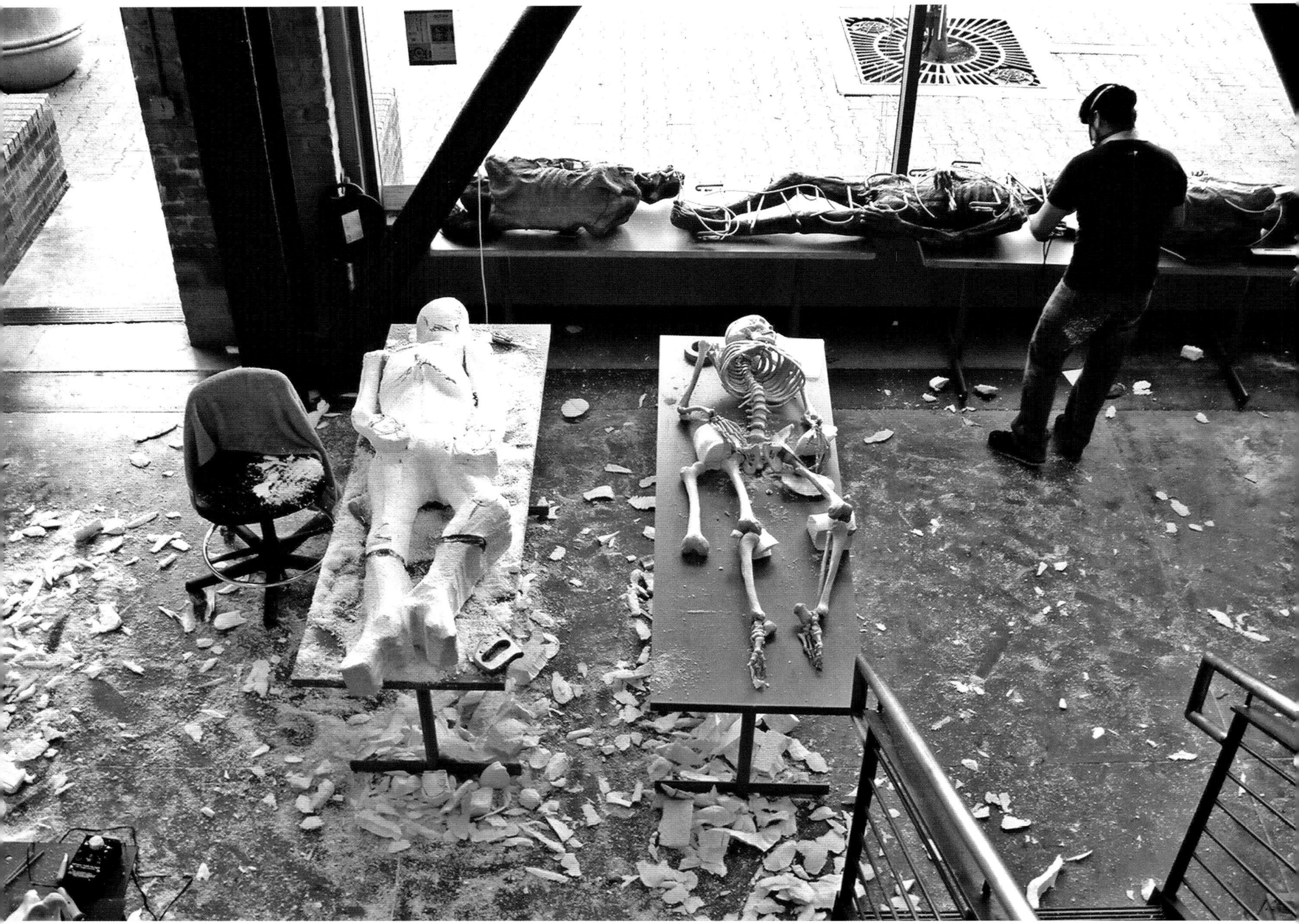

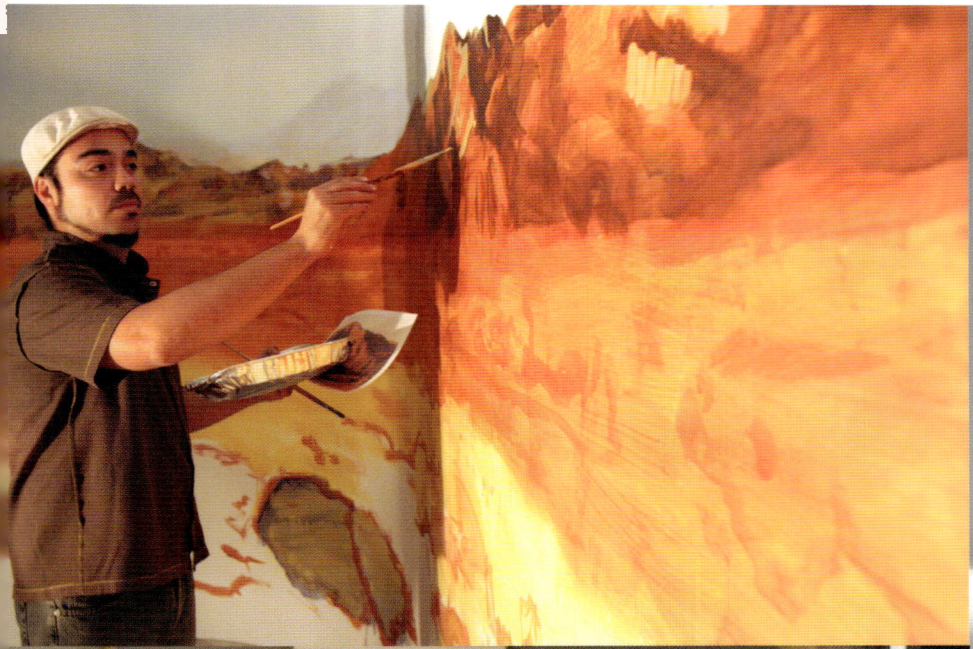

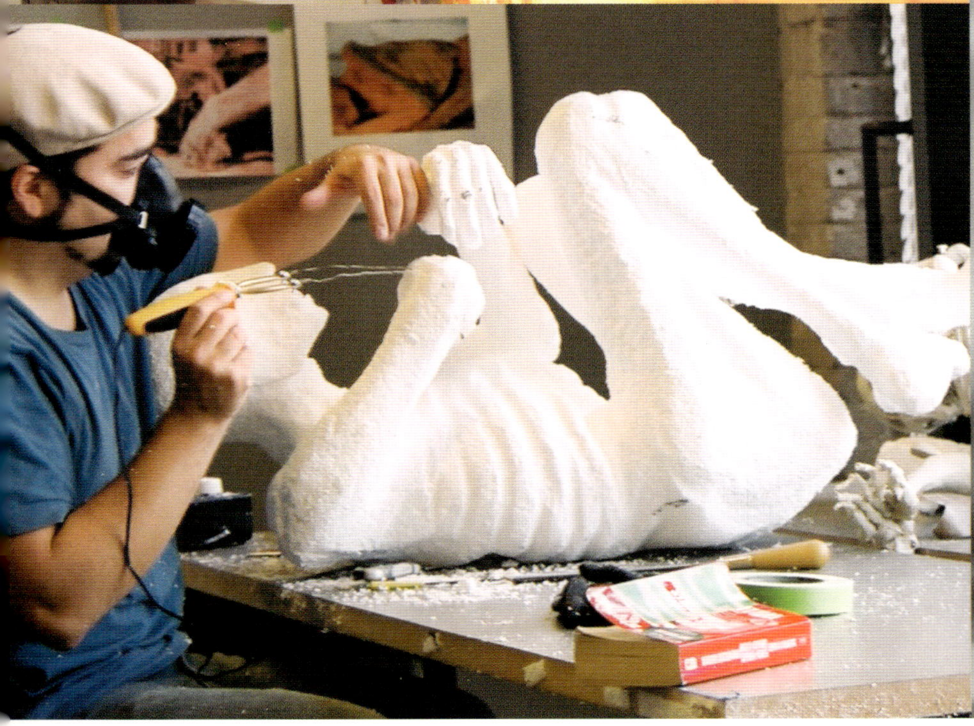

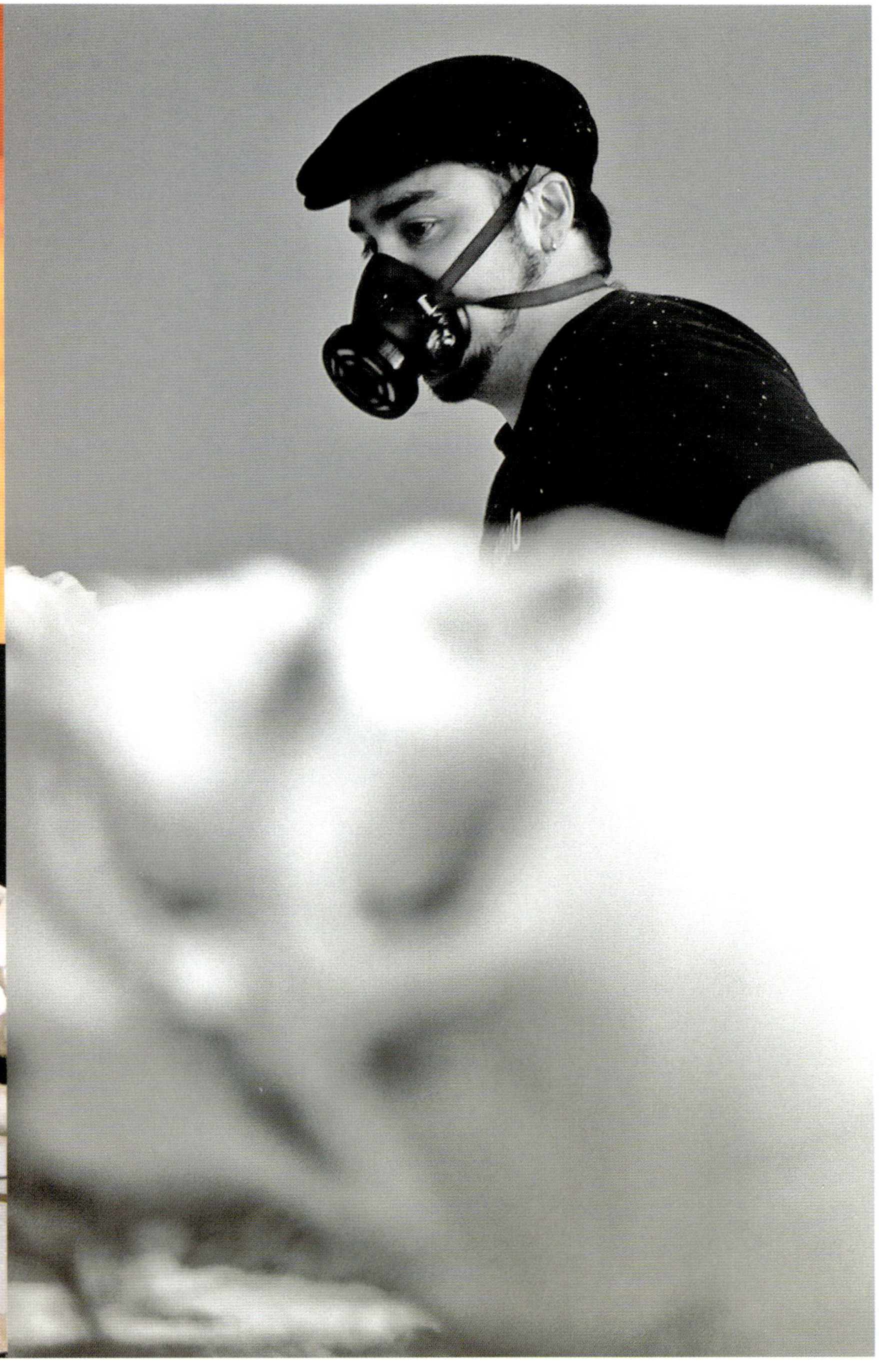

IMAGES OF PREVIOUS INSTALLATIONS IMAGENES DE INSTALACIONES PREVIAS

SAFE BEAST. GALERIA ANIMAL, CHILE, SEPTEMBER 2001

Transparent plastic tubes are assembled to create a bed-like structure. On this form lies an organic shape made of the same transparent material. Inside the structure, 11 white laboratory rats are circulating. They are under the permanent eye of a small camera installed inside one of the tubes. The image of the rats' incessant scurrying is projected at the center of one of the gallery walls.

BESTIA SEGURA. GALERIA ANIMAL, CHILE, SEPTIEMBRE, 2001

Ensamblaje de cañerías plásticas transparentes que semejan la estructura de una cama, donde descansa una figura de forma orgánica realizada con el mismo material plástico. Dentro de esta estructura circulan 11 ratones blancos de laboratorio que permanecen vigilados por una pequeña cámara instalada al interior de uno de los tubos. Al centro de una de las paredes se proyecta la imagen del incesante paso de los ratones.

EWE-03 PROJECT. MUSEUM OF CONTEMPORARY ART, CHILE, AUGUST 2003

A parallel relationship between a sheep and the spectators is taking place inside one of the gallery rooms. The gallery is divided lengthwise with a window separating the two spaces. In the first area, a sheep called EWE resides during the month of the exhibition. EWE carries on its head a minuscule and sophisticated wireless surveillance camera that continuously transmits a signal to a monitor. "The sheep's gaze" is supported by another camera that constantly watches the viewer's position. Inside the second area there is a 23.6-inch-wide passageway that serves as the viewing point. The public can hardly move (as in a hamster's labyrinth) while observing the sheep and the monitor. On the monitor the spectator can see himself captured by the camera. The doorway at the entrance of the gallery room is narrowed down to regulate or congest the influx of people.

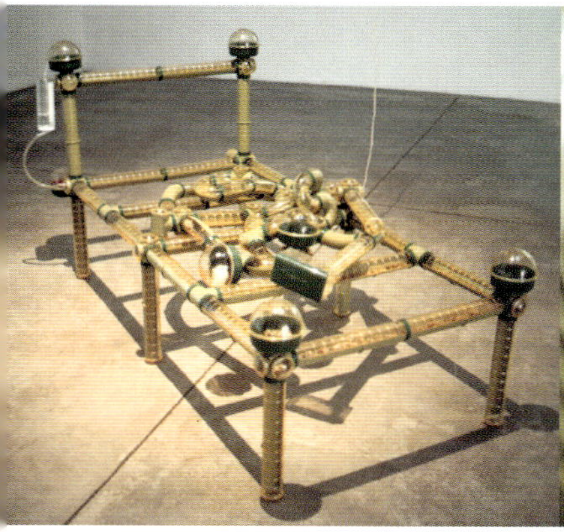
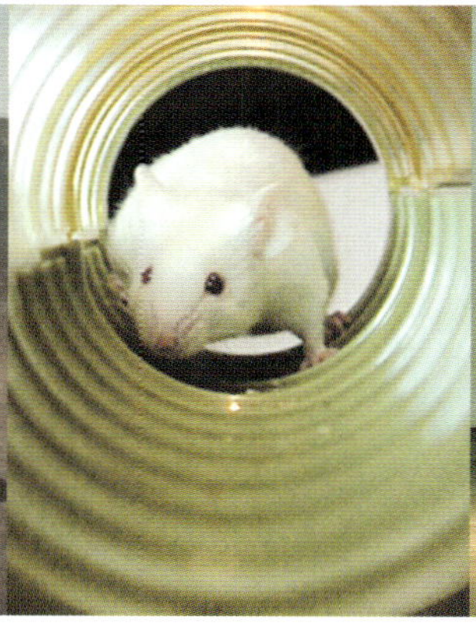
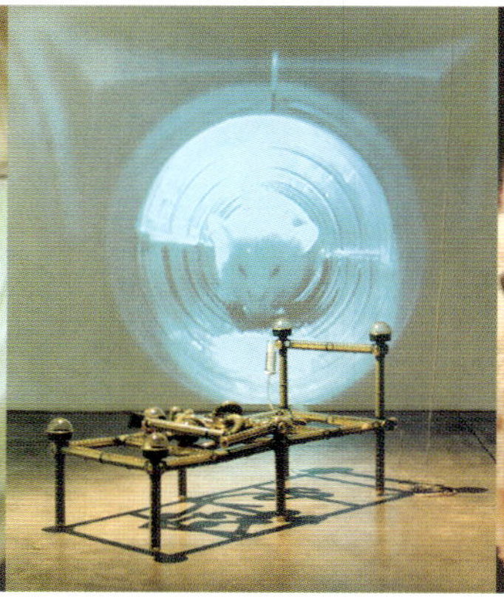
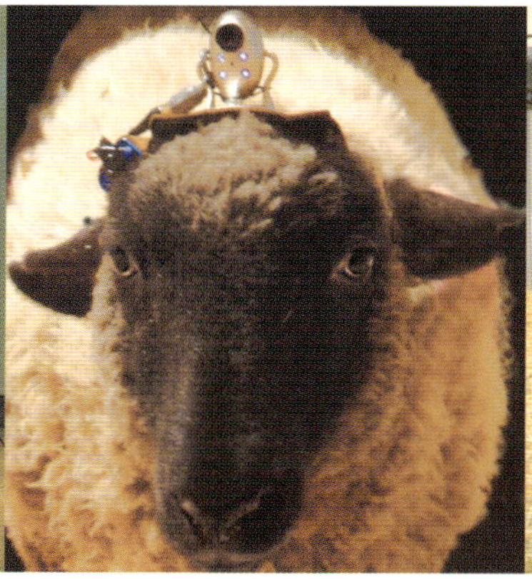
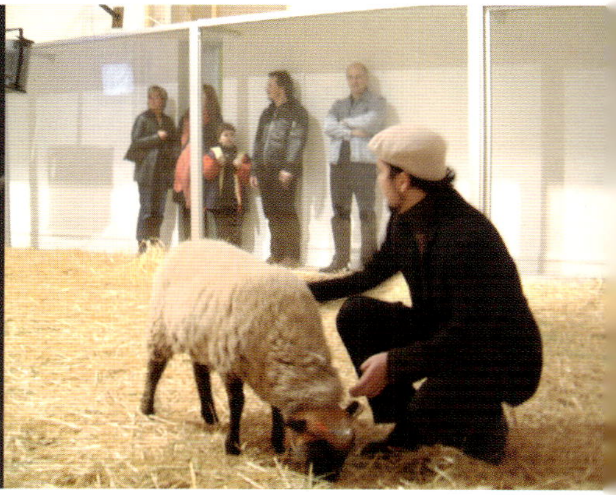

PROYECTO EWE-03. MUSEO DE ARTE CONTEMPORANEO, CHILE, AGOSTO, 2003

En una de las salas del museo se establece un parelelo entre una oveja y el espectador. La sala se encuentra dividida a lo largo por medio de una vitrina: en el primer espacio vive, durante el mes de la exhibición, la oveja Ewe, que porta sobre su cabeza una diminuta y sofisticada cámara inalámbrica de vigilancia que manda señales a tiempo continuo hacia un monitor. “la mirada de la oveja” se encuentra respaldada por otra cámara que vigila constantemente la posición del espectador. En el segundo espacio, un pasillo de 60 centímetros de ancho sirve como mirador y a través de éste el espectador puede desplazarse dificultosamente (como dentro de un laberinto de hamster) para ver a la oveja y al monitor en el que se puede se ver a sí mismo capturado por la camara. La entrada de la sala se contruyó más angosta para regular la afluencia de público y también producir congestionamiento.

HABITAT. GALERIA BECH, CHILE, NOVEMBER 2003

Viewers look through a window into an 8-by-8-foot space that resembles a waiting room. It contains a plant, a center table, two couches, two red rugs, an ashtray, environmental music, and an aquarium that contains 50 African frogs and a 4-inch monitor showing the scene in real time.

HABITAT. GALERIA BECH, CHILE. NOVIEMBRE, 2003

Vitrina cerrada en sí misma de 2.50 x 2.50 metros, que simula ser una sala de espera, la que incluye una planta, una mesa de centro, dos sillones, una alfombra roja, un cenicero de oficina, música ambiental y un acuario con 50 ranas africanas. El acuario contiene un monitor de 4 pulgadas en su interior, el que reproduce la escena en tiempo real.

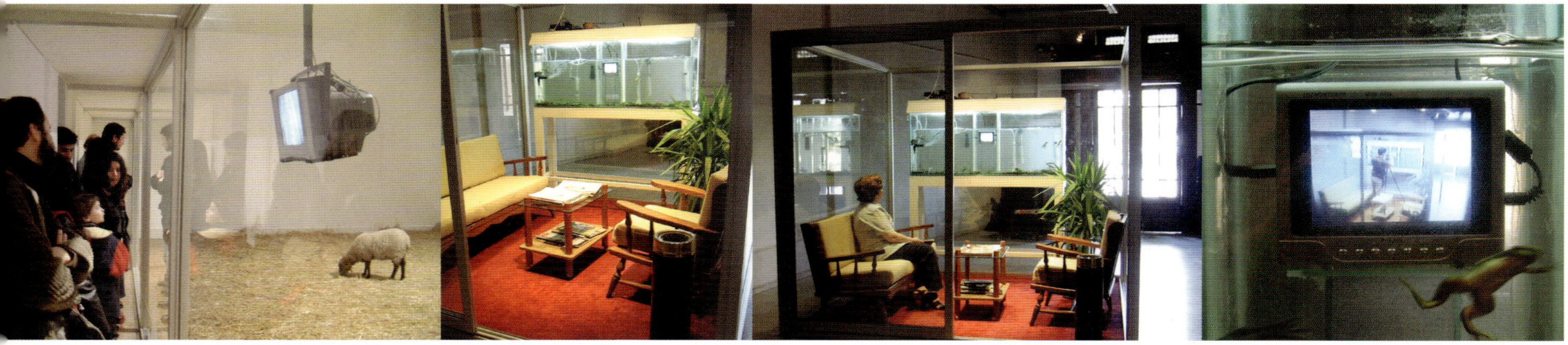

BIOGRAPHIES BIOGRAFIAS

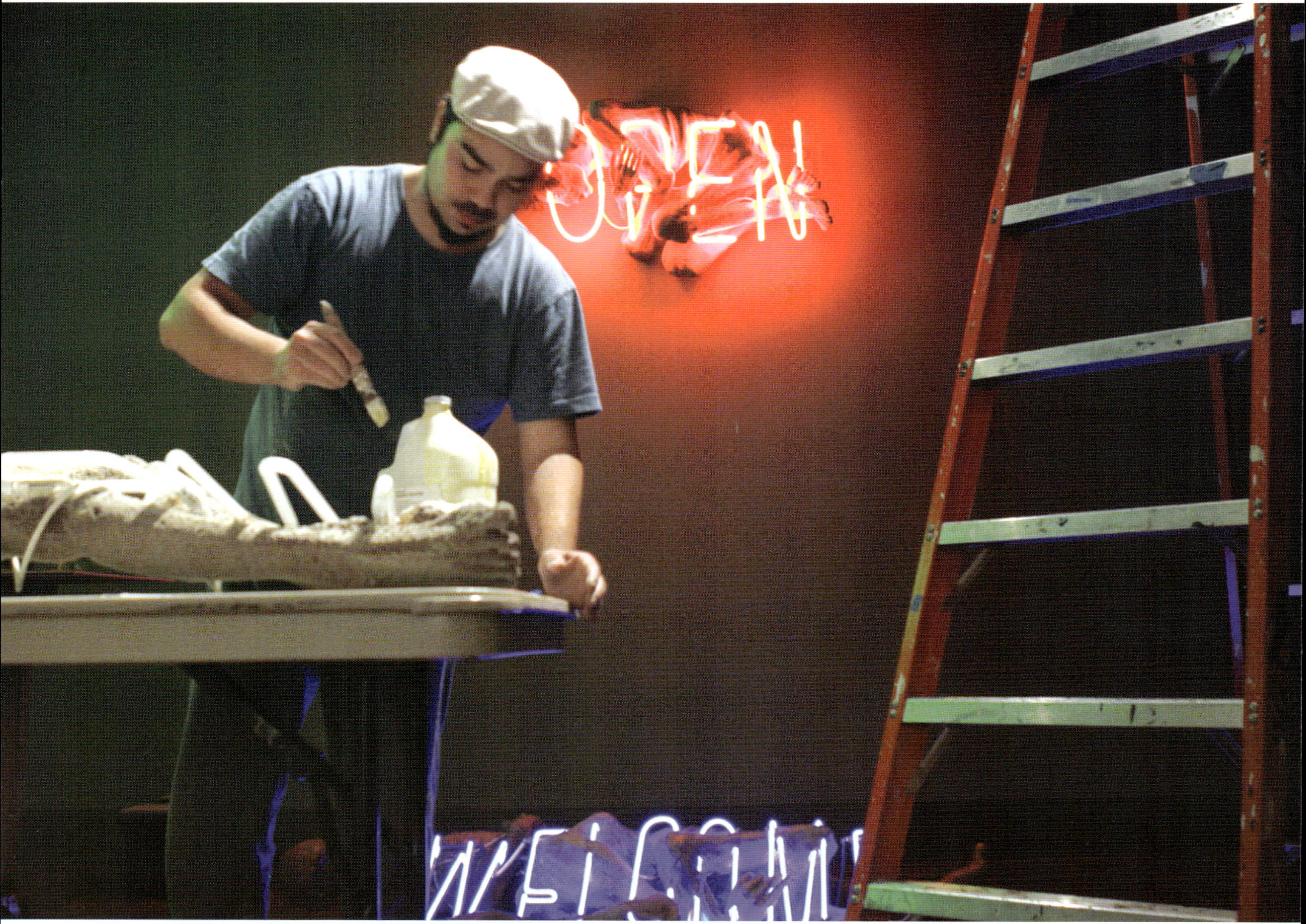

MAXIMO CORVALAN obtained his bachelor degree in painting from ARCIS University in Chile, where he was approved with the maximum distinction. He obtained his master degree in visual arts at the University of Chile.

As an emerging contemporary artist, he has exhibited his work in solo and group shows internationally. In Chile he has exhibited in prestigious institutions such as the Museo de Arte Contemporáneo, the Museo de Bellas Artes, and Galeria Animal. Abroad he has exhibited at The Americas Society, New York; Centro Cultural Borges, Buenos Aires, Argentina; and Muro Sur Gallery at the Shanghai Biennale, Shanghai, China, among others.

He has earned a FONDART grant in each of the last five years (2001-2005). FONDART is one of Chile's most important funds for the arts. Corvalán founded and directed a cultural center in the city of Calama, Chile, where he created a space for the arts to promote cultural activities in a poor and high-risk community.

Corvalán has been selected as a representative for a bilateral exchange of visual art, "Travesías Chile Asia-Pacifico," with Korea in 2005. The project is being planned by the Museum of Contemporary Art in Chile (MAC).

MAXIMO CORVALAN es Licenciado en Artes mención Pintura de la Universidad ARCIS, Chile, donde fue aprobado con la más alta distinción. El grado de Master en Artes Visuales lo obtuvo en la Universidad de Chile.

Como artista contemporáneo emergente ha exhibido tanto individual como colectivamente, presentando su trabajo a nivel nacional e internacional. En Chile ha exhibido en prestigiosas instituciones como el Museo de Arte Contemporáneo, el Museo de Bellas Artes y Galería Animal. En el exterior ha exhibido en Backyard Galería, The Americas Society, New York, Estados Unidos; en el Centro Cultural Borges, Buenos Aires, Argentina; Galería Muro Sur, bienal de Shangai, Shangai, China, entre otras.

Ha ganado el FONDART por 5 años consecutivos (2001-2005). FONDART es uno de los fondos más importantes para las artes en Chile. Máximo fundó y dirigió un centro cultural en la ciudad de Calama, Chile, donde creó un espacio para las artes con el objetivo de promover actividades culturales en una comunidad de alto riesgo y bajos recursos.

Ha sido seleccionado como representante de los artistas chilenos para un intercambio bilateral de artes visuales "Travesías Chile Asia-Pacifico" Korea, 2005. Proyecto organizado por el Museo de Arte Contemporáneo en Chile (MAC).

JULIA P. HERZBERG, Ph.D., is an art historian and independent curator whose work focuses on contemporary Latin American, Latino, and multicultural artists in the Americas.

She has co-curated and organized many exhibitions that have traveled in the U.S., the Caribbean, and South America. These include *The Decade Show: Frameworks of Identity in the 1980s* (1990); *Official U.S. Representation for the III International Bienial of Painting Cuenca, Ecuador* (1991); *Catalina Parra: A Retrospective* (1992); *Wifredo Lam and His Contemporaries* (1992-93); *Recovering Histories: Aspects of Contemporary Art in Chile since 1982* (1993-95); *Leandro Katz: Two Projects / A Decade* (1996); and *Magdalena Campos-Pons, History of People That Were Not Heroes: Part I, A Town Portrait* (1998). As a consulting curator at the Museo del Barrio in New York (1999-2001), Herzberg organized the traveling exhibitions of *Pepon Osorio: Transboricua* and *Juan Sánchez, Printed Convictions: Prints and Related Works on Paper* (1999), and curated site-specific installations of Franco Mondini Ruiz, Leandro Erlich, and Ernesto Pujol. Most recently, Dr. Herzberg curated an exhibition of Cuban photographers Ricardo Elias, Liudmila Velasco and Nelson Ramirez de Arellano, and Eduardo Hernandez Santos for the Cuban Artist Fund Festival; the work was shown at Exit Art in New York City.

Dr. Herzberg has taught, lectured, and published extensively. Recently she served as a visiting professor at Catholic University in Santiago, Chile, where she gave a series of lectures on Ana Mendieta. Herzberg wrote her dissertation "Ana Mendieta: The Iowa Years, A Critical Study, 1969-1977" for the Graduate Center, City University of New York (1998).

JULIA P. HERZBERG, Ph.D. Historiadora del arte y curadora independiente cuya obra se centra en arte contemporáneo latino americano y artístas latinos y multiculturales en el continente americano.

Ha co-curado y organizado una serie de exhibiciones itinerantes en los Estados Unidos, el Caribe y Sur América. Estas incluyen: *El show de la Década: Estructuras de Identidad durante los 80* (1990); *Representante oficial de Estados Unidos en la III Bienal de Pintura de Cuenca, Ecuador* (1991); *Catalina Parra: Una Retrospectiva* (1992); *Wifredo Lam y sus Contemporáneos* (1992-93); *Rescatando Historias: Aspectos del Arte Contemporáno en Chile desde 1982* (1993-95); *Leandro Katz: Dos Proyectos / Una Década* (1996); *Magdalena Campos-Pons, Historias de Personas que no Fueron Héroes: Parte I, Retrato de un Pueblo* (1998). Como curador consultante del Museo del Barrio, Nueva York (1999-2001), Herzberg organizó la exposición itinerante de *Pepón Osorio: Transboricua,* y *Juan Sánchez, Convicciones impresas: Grabados y Trabajos Relacionados en Papel* (1999) y ha curado las instalaciones de sitio-específico de Franco Mondini Ruiz, Leandro Erlich, y Ernesto Pujol. Recientemente la Dra. Herzberg ha curado una exposición de cuatro fotógrafos cubanos, Ricardo Elías, Liudmila Velasco y Nelson Ramírez de Arellano, y Eduardo Hernández Santos para el Festival de Fondos para Artístas Cubanos, que tuvo lugar en Exit Art en la ciudad de Nueva York.

La Dra. Herzberg ha desarrollado un vasto trabajo académico como docente, conferencista y autora de numerosas publicaciones. Recientemente fue recibida como profesora visitante de la Pontificia Universidad Católica de Santiago, Chile, donde entregó una serie de charlas sobre la artista Ana Mendieta, personaje que abordó como tema de su tésis de postgrado "Ana Mendieta: Los Años en Iowa, Un Estudio Crítico, 1969-1977", Universidad de Nueva York (1998).

SERGIO ROJAS studied Pedagogy in Philosophy at the Catholic University of the North, Chile, between 1979 and 1982. He continued his studies at the Pontifical Catholic University, Chile, where he obtained bachelor and master degrees in philosophy. Rojas is currently a doctoral candidate in literature at the University of Chile. He has taught in several Chilean universities and has been a visiting professor at San Juan National University, Argentina. Currently he is director of the School of Philosophy at ARCIS University (University of the Arts and Social Sciences), art theory professor at the School of Fine Arts, University of Chile, and professor in the visual arts and art history master programs at the University of Chile. He has written and published several essays and articles about theory of subjectivity, critical thinking, aesthetics, modern philosophy, visual arts, and literary analysis. He is the author of several books, including *Materials for a History of Subjectivity* (La Blanca Montaña, Santiago, Chile, 2002); *Concerning the Kantian Philosophy Problem* (Art Theory Department, University of Chile, Santiago, 2003); *Imagine Matter: Philosophy and Aesthetic Essays* (ARCIS University, Santiago, 2003); *Worlds Have Never Been Formed in My Presence* (ARCIS University, Santiago, 2003); and *The Philosophy of David Hume* (Art Theory Department, University of Chile, Santiago, 2004). Rojas is working on a book on the Baroque and modern subjectivity.

SERGIO ROJAS cursa la carrera de Pedagogía en Filosofía en la Universidad Católica del Norte, Chile, entre los años 1979 y 1982. Continúa estudios en la Pontificia Universidad Católica de Chile, donde obtiene la Licenciatura en Filosofía y posteriormente el grado de Magíster. Actualmente es candidato a Doctor en Literatura en la Unversidad de Chile. Ha enseñado en varias universidades chilenas. También ha sido profesor visitante en la Universidad Nacional de San Juan (Argentina). Actualmente es Director de la Escuela de Filosofía de la Universidad ARCIS (Universidad de Arte y Ciencias Sociales), Profesor de teoría del Arte en la Escuela de Bellas Artes de la Universidad ARCIS, Profesor de Estética en la Facultad de Artes de la Universidad de Chile, es además profesor en los programas de Magíster en Artes Visuales y en el de Teoría e Historia del Arte de la Universidad de Chile. Ha escrito y publicado diversos ensayos y artículos sobre teoría de la subjetividad, pensamiento crítico, estética, filosofía de lo moderno, artes visuales y análisis literario. Es autor de los libros *Materiales para una historia de la subjetividad* (La Blanca Montaña, Santiago de Chile, 2002); *Sobre el problema de la filosofía kantiana* (Departamento de Teoría de las Artes, Universidad de Chile, Santiago, 2003); *Imaginar la materia, ensayos de filosofía y estética* (Universidad ARCIS, Santiago, 2003); *Nunca se han formado mundos en mi presencia; La filosofía de David Hume* (Departamento de Teoría de las Artes, Universidad de Chile, Santiago, 2004). En estos momentos trabaja en un libro sobre el Barroco y la subjetividad moderna.

ACKNOWLEDGMENTS AGRADECIMIENTOS

DEAN, COLLEGE OF THE ARTS:

Jerry Samuelson

CHAIR, DEPARTMENT OF ART:

Larry Johnson

DIRECTOR, MAIN ART GALLERY:

Mike McGee

ASSISTANT TO THE DIRECTOR:

Marilyn Moore

GALLERY TECHNICIAN:

Marty Lorigan

EXHIBITION CURATORS:

Milka Marinov, Julie Perlin Lee

PROJECT ADVISORS:

Mike McGee, Joanna Roche, Lawrence Yun

INSTALLATION ASSISTANTS:

Dennis Cubbage, Jason Chakravarty, David Michael Lee, Derek Parker, Ryan Ross

EXHIBITION DESIGN STUDENTS:

Karen Crews, Dennis Cubbage, Maria-Lisa Flemington, Carlota Haider, Solyi Han, Milka Marinov, Julie Perlin Lee, Danielle Susalla, Chih-zer Yee

ART ALLIANCE – CALIFORNIA STATE UNIVERSITY, FULLERTON

LIFE MEMBERS: Robert Cugno, Patricia Fredricks Dolson, Robert Logan

DONOR: Ted and Marva Adamson

PATRONS: Floyd and Maxine Allen, Herbert and Marilyn Benson, Janice and John DeLoof, Jean Fischer, Donald and Nancy Fix,

Leonard and Sylvia Garber, Joyce Garrison, Dr. Milton A. and Dr. Margaret Gordon, Joseph and Peggy Hammer, William and Joyce Leong, Russell and Gloria Ludwick, Ron and Babette Mayer, Joyce McCleery, Martin and Suzanne Serbin, Valerie and Howard Sloane, David and Cathrynn Thorsen, Carole Wakeman, William and Maryon Welty

ESSAYS **ENSAYOS:**

Julia P. Herzberg (Original essay written in English), Sergio Rojas (Original essay written in Spanish)

PHOTOGRAPHY **FOTOGRAFIA:**

Claudio Correa and Máximo Corvalán: 48, 49

Máximo Corvalán: Page 23 and 24 (Chilean landscapes)

M.O. Quinn: Page 26, 34, 35, 40, 42 and inside cover

Eric Stoner: Page 10, 17, 36, 37, 38 (top row), 39, 41, 44, 45

Nile Tuzun: Page 18, 29, 30, 38 (bottom row), 43, 46, 47, 50

CATALOG DESIGN **DISEÑO GRAFICO:** Milka Marinov

ENGLISH EDITOR **EDICION EN INGLES:** Sue Henger

SPANISH EDITORS **EDICION EN ESPAÑOL:** Branko Marinov, Milka Marinov

TRANSLATOR OF ESSAYS **TRADUCCION DE ENSAYOS:** Ramón Barrientos

TRANSLATOR OF FOREWORD, CURATORIAL STATEMENT, PREVIOUS INSTALLATIONS AND BIOGRAPHIES

TRADUCCION DE PROLOGO, STATEMENT CURATORIAL, INSTALACIONES PREVIAS Y BIOGRAFIAS: Milka Marinov

PRINTING: Printed in Hong Kong by Permanent Printing Limited

TYPEFACE: Arial Regular

SPECIAL THANKS TO:

Jack Hamilton who created a program to delay time and generously loaned his equipment

David Lee for his help in construction and organization

CSUF Students: David DiBello Sanders, Kelly Bloom, Nicole Beesly, Daniaell Persall and Sarah Marsh for their help painting the diorama

Arie and Diego Velasco for their friendship support

Nile Tuzun for giving her time and artistic photographs

Carlos Tellez for his patience and consistent help

Perlin, Lee and Marinov Families

OUR EXHIBITION SPONSORS:

Karen and David Aeppli, Jean c. and Luois J. Cassesso, Karen and Al Gray, Joan H. and Thomas P. Klammer, The Lee Family, Lucas Medical, Inc, Gilbert and Wanda Marrero, Michael S. Newman and Family, Newport Coast Recovery, L.P., Margaret and Keith Owens, Perlin Family

AGRADECIMIENTOS ESPECIALES A:

Jack Hamilton quien creó el programa computacional para atrasar el tiempo de proyección y quien generosamente prestó su equipo

David Lee por su ayuda en la construcción y organización

Los alumnos de CSUF: David DiBello Sanders, Kelly Bloom, Nicole Beesly, Daniaell Persall y Sarah Marsh por ayudar a pintar el diorama

Arie y Diego Velasco por su apoyo

Nile Tuzun por darnos su tiempo y sus artísticas fotografías

Carlos Tellez por su paciencia y ayuda constante

Las familias Perlin, Lee y Marinov

LOS AUSPICIADORES DE LA EXHIBICION:

Karen and David Aeppli, Jean c. y Luois J. Cassesso, Karen y Al Gray, Joan H. y Thomas P. Klammer, la familia Lee, Lucas Medical, Inc, Gilbert y Wanda Marrero, Michael S. Newman y familia, Newport Coast Recovery, L.P., Margaret y Keith Owens, la familia Perlin

Main Art Gallery
California State University, Fullerton
Fullerton, CA 92834-6850

This catalog was published in conjunction with the exhibition
Free Trade Ensambladura
November 12 – December 16, 2005

ISBN 0-935314-67-9